CONTENTS

装丁・佐藤裕吾

第三の教育論シリーズ1

親が育てば子供は育つ

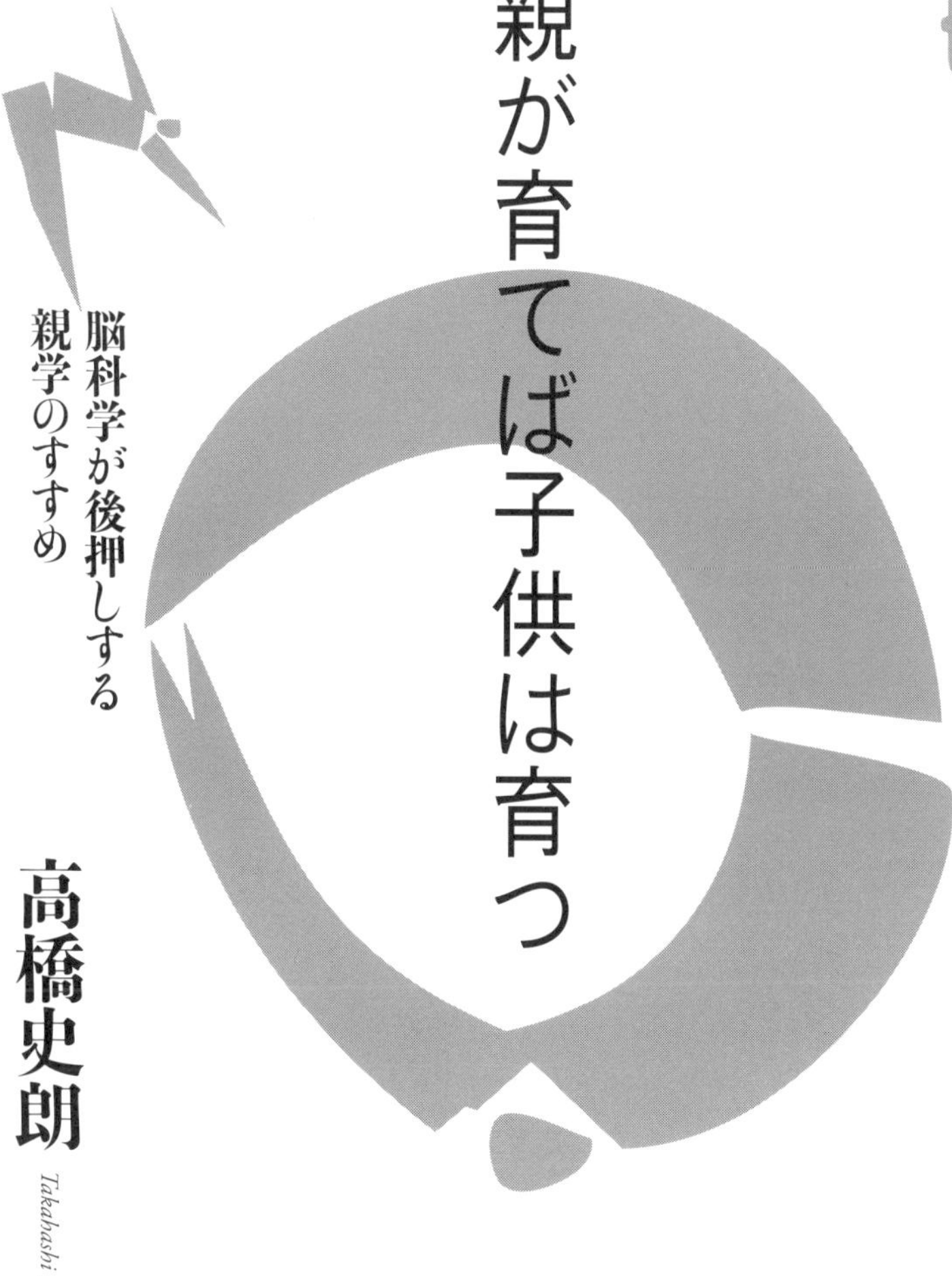

脳科学が後押しする
親学のすすめ

高橋史朗
Takahashi Siro

MOKU出版

ともすれば学校では多くのことを教えすぎがちだが、
学校でも大学でも教えていないのは、親になる方法だ。

オクスフォード大学トーマス学長の言葉

脳科学が子育てを変える

◆モラルの低下と脳の関係

近年、人間を対象とした脳機能の計測技術が急速に進展してきたことから、脳科学の研究から教育を見直そうという動きが欧米を中心に本格化してきました。

特にOECD（経済協力開発機構）とアメリカで顕著な動きが見られ、OECDは一九九九年（平成十一）に「学習科学と脳研究」に関する取り組みを開始し、現在は①脳の発達と生涯にわたる学習、②脳の発達と計算能力、③脳の発達と読み書き能力、に関する調査検討を進めています。

わが国では平成十三年度より、文部科学省所轄の特殊法人である科学技術振興事業団が「脳科学と教育」をテーマとしたプロジェクトを発足させ、現在、①前頭前野機能発達・最善システムの開発研究、②人間のコミュニケーション機能発達過程の研究、③神経回路の発達から見た育児と教育の臨界齢の研究、に取り組んでいます。

前頭前野は脳の中でも情動や感情、コミュニケーションや記憶、認知などをコントロールする働きを行う部分ですが、①のプロジェクト・リーダーを務める東北大学の川島隆太教授は、前頭前野の働きでモラルの低下についても説明できると語っています。

川島教授は、問題行動を起こす子供たちのほとんどは前頭前野の働きが未熟であるから、前頭前野の機能を強化することによって、行動や感情のコントロールが可能になると指摘し、そのためには乳幼児期の子供たちへは語りかけや肌と肌とのふれあいがなによりも大切であり、日本の伝統的な子育ての知恵を見直す意義も説いています。「三つ子の魂百まで」「しっかり抱いて、下に降ろして、歩かせろ」といった古くからの言い伝えを積極的に見直す必要を現代科学の最先端の脳科学が示したわけです。

文部科学省の「脳科学と教育」の研究に関する検討会が平成十五年（二〇〇三）七月にまとめた最終報告書は、現代の子供たちが抱える問題を「不登校児に慢性疲労症候群などの疾患が見られる」「いじめが意欲や動機づけあるいは創造性を阻害している」「過剰で偏った刺激、実体験を伴わない仮想経験などが大きな役割をもっている」「能動的に刺激を選ぶことよりも受動的な学習が多いため、注意力や意欲、創造性などの発達が阻害されている可能性がある」としたうえで、今後重点的に取り組む研究領域として、

◎情動、情緒、直感などの脳機能の発達と感受性期（学習能率が高い時機）
◎性差に基づく脳機能の差異
◎ビデオ・テレビなどに早期からあるいは長期にわたって晒されることの脳機能への影響
◎過度の利便性向上や実体験不足、睡眠の取り方や食生活の変化が脳機能へもたらす影響

◎個人化・少子化がもたらす脳機能への影響
◎虐待・暴力が子供の脳に与える影響
◎行為障害のある子供や不登校児の脳機能の解明と教育課題解決への応用
◎母子相互作用がコミュニケーション能力の発達に及ぼす影響
◎学習障害と脳の機能障害

などを挙げています。こうした研究に基づいて文部科学省は、何歳くらいの時にどういう教育を施すべきか、子供の脳に学習内容がしみ込みやすい教育方法はなにかというWHEN（いつ）とHOW（いかにして）を脳科学によって解明し、科学的な実証に基づく学習指導要領の作成を模索しています。このような文部科学省の試みに対して多くの教育学者は抵抗感が強いと聞きますが、教育改革への一つのアプローチとして視野に入れるべきではないかと私は考えています。

◆生後すぐに言葉がわかる赤ちゃん

三歳までの子供は母親が家庭で手厚い育児を行わないとその後の成長に悪影響を及ぼすという考え方を「三歳児神話」といいますが、この考えに合理的根拠がないとして、厚生省（平成十年度「厚生白書」参照）やジェンダーフリー論者から否定される傾向にありました。ところが、脳科学研究の進展によって「三歳児神話」は見直されることとなりました。

文部科学省の「脳科学と教育」研究ワーキンググループの小泉英明主査は、平成十四年

（二〇〇二）七月に開催された自民党文部科学専任部会において、フランスとの共同研究を紹介し、「胎児が母親のお腹の中で、言葉の学習を始めたり、生後五日以内の新生児も言葉を認識することがわかっている。教育は幼い頃から始めることが重要」と語っています。

脳神経科学の専門家で、日本大学の森昭雄教授は、その著『ゲーム脳の恐怖』（ＮＨＫ出版）において、赤ちゃんの脳発達は母親の接し方によって非常に大きく左右され、三歳頃までに神経細胞（ニューロン）の樹の枝のように伸びている樹状突起がさまざまなニューロンと連絡するようになり、脳内の神経細胞と神経細胞の接点（シナプス）がこの時期の母親の刺激によって次から次へと形成されて、脳全体が急激に増殖し、八歳頃までに九〇パーセントの成長を遂げると説明し、この神経回路の形成が不足すると、情緒不安定、攻撃的・衝動的傾向が増大するので、乳幼児期には母親からの安定した働きかけが必要不可欠であることを明らかにしています。

「三歳児神話」は決して根拠のない「神話」ではないことが多くの科学的研究によって証明されつつあるわけで、現在、愛着（アタッチメント）不足や恐怖体験などによって情緒不安定で攻撃的・衝動的な乳幼児が増えていることを考えあわせても、改めて「三歳児神話」を見直すべきだと考えます。

『幼児教育と脳』（中公新書）を著した北海道大学の澤口俊之教授は、五百万年のヒト進化の歴史から、家族の安定化を図り、子供に社会的規範を植え付けることが絶対的な「父親の役割」であったと述べています。

家庭教育においては父親と母親の「性別役割分担」は必要不可欠であり、胎児期と乳幼児期は母親との身体的感覚的な接触と相互作用によって子供の心が安定し、その後の発達の大きな基盤となります。一般に子供は母親から心の安定を、父親からは外部世界への好奇心と刺激を期待しています。

数々の実験によっても、父親と母親に対する子供の反応は初めから異なっていることが明らかにされています。例えば、母親が相手をしているときは子供は穏やかな反応をするのに対して、父親が相手をするときには子供は強い好奇心を発揮して激しい反応をします。つまり、親の側にも父と母とでは子供に対する態度に生得的な違いがあるだけではなく、子供の側にも本能的・生物学的に父母に対する反応が異なるように仕組まれている可能性が高いことがわかります。父親や母親の役割を「固定的」という実に非科学的な言葉で否定するジェンダー・フリーの主張がいかに誤ったものであるかということです。

◆乳幼児期の母子関係の大切さ

近年問題になっているＡＤＨＤ（注意欠陥多動障害＝集中力が低下し、落ち着きがないことが特徴）の原因の一つとして、テレビゲームのやりすぎが指摘されていますが、これも脳科学の研究から解明されています。

脳の中の前頭前野は動物的な行動や激情を抑え、理性をコントロールしているところです。森教授によれば、テレビゲームをやりすぎると前頭前野から扁桃体などの古い脳への抑制が利かなくなり、自律神経が不安定になり、攻撃的行動が起こる。これがムカつき、キレる状態にほかなりません。

　脳内ホルモンには、セロトニン、ドーパミン、ノルアドレナリンなどがあり、前頭前野はドーパミンが分泌されることによって一種の快楽が得られますが、「ゲーム脳人間」になるとドーパミンの分泌も低下し、楽しさを実感できなくなってしまいます。テレビゲームの影響で現実と仮想現実（バーチャル・リアリティ）の区別がつかなくなり、犯罪につながる事例が近年数多く報告されています。

　澤口教授は、うつ病はセロトニンが減り、その働きが悪くなる病気であり、いじめや「学級崩壊」の根因の一つは「乳幼児期の脳の粗雑な扱われ方」にあると指摘しています。子供は四歳から八歳くらいの間に適切な環境で教育しないと、セロトニンが出なくなります。一方、ドーパミンという脳内物質は探求心とか好奇心につながる物質で、セロトニンは母性愛につながるものです。

　例えば、出産直後に子供を取り上げられたメスザルは、その後子供を戻しても子育てをしようとせずに、子供を邪慳にして追い払ってしまうという実験結果があります。セロトニンを司っている神経細胞が死んでいたからです。隔離されたメスザルが自分の子供を邪慳にしてしまうと、実は邪慳にされた子供のセロトニンもおかしくなるのです。愛情を求めて子供は寄ってくるのに、母親が邪慳にする。そうしたら愛情を求めている子供は隔離されたのと同じで、その子供が大きくなったときに自分の子供に同じことをします。

　新生児は母親を確認するための能力をいくつももって生まれてきます。例えば、生まれた直後は目を開いていて見ることができるし、母親の声や血流の音を聞き分け、母乳の味や匂いも識別できるといいます。これらの能力が生得的に備わっているということは、新生児が誕生直後から母親と結びつくことの重要性を示唆しています。

百パーセント母親に頼りきらなければならない新生児にとって、感覚を通しての母親との結びつきは安心感を与えるものです。肌と肌との接触、目と目で見つめ合う、声で語りかける、母乳を味わうといった感覚的な接触や交流がその後の成長の各段階を支える基盤となるのです。その安心感と信頼感は、一生を通して人間一般に対する信頼感のベースになります。この新生児の五感の能力に応えるように母親が語りかければ、母子の結合は誕生直後から確固としたものになります。

哺乳や「あやす」という行為もコミュニケーションへの準備として重要な意味をもちます。一方が働きかけているときは他方が待つ、次には逆の関係になるというリズムを体得していること、これがコミュニケーションの基本です。哺乳の際に見つめ合うことや優しく語りかけることを通じて、新生児はコミュニケーションの基本を会得していきます。このように、生まれた直後に母子の感覚的結合を強化することは、子供の成長にとって極めて大切な基礎要素といわなければなりません。

平成十四年三月に国立教育政策研究所が発表した「キレる」子供の成育歴に関する研究によれば、「キレる」最大の要因は家庭の不適切な養育態度にあり、具体的には、過度の統制（19％）、放任（15％）、過保護（14％）、過干渉（11％）の順になっています。また、家庭内の緊張状態の要因としては、離婚（25％）、夫婦不仲（13％）、再婚（８％）が挙げられています。

乳幼児期には言葉の習得が特に重要であり、母親の愛着と語りかけ、親子のあたたかいコミュニケーションが必要不可欠です。幼児期に童話、伝記、神話などを読み聞かせ、豊かな感性を育てることが大切であり、直接人間同士が触れ合う体験、五感を働かせて伸び伸びと野山を走り回り大自然と直接関わる体験が重要です。

以上、最新の脳科学と教育・子育てとの関係を紹介してきました。

私は脳科学の専門家ではありませんし、「こころ」や感性の育成を脳科学の研究成果だけで判断することはできないとも思っています。

しかし、ややもすれば情緒的な「べき論」に陥り、なかなか先に進んでいかない教育論議に科学的アプローチを加えることは、教育改革を進めるうえで非常に重要な視点だと指摘したいのです。科学の限界性を認識しつつ、ホリスティック（包括的）な視点からいかに「こころ」と感性を育んでいくかは、これからの重要な課題だといえます。

（二〇〇三年十月号）

子供の脳が危ない！
人間らしさを奪うゲーム脳の恐怖

●日本大学教授 森 昭雄
●川口市立東本郷小学校校長（当時） 桑原清四郎
●明星大学教授 高橋史朗

◆握手をする手に力がない

高橋　平成十七年（二〇〇五）一月、川口市立東本郷小学校で脳神経科学者の森昭雄先生を講師にお招きして、「脳科学と教育」を踏まえた自主研究発表会が行われました。「脳科学と教育」の教育実践の研究会は、おそらく全国で初めてなので私も注目して拝見したのですが、まず桑原先生、その経緯をお話しいただけますか。

桑原　僕は教員になって三十二年になりますが、この十年ほど、教育の現場で子供が荒れる、閉じる、子供同士の関わり合いができなくなる、その結果不登校やひきこもりになるといった、子供の不幸をたくさん見るようになりました。もちろんそれまでも、子供たちが群れて悪さをしたり物を壊したりすることはあったのですが、休み時間が終わって「授業だぞ」と言うと、子供たちも心の切り替えをしてまた授業になったし、一斉指導ということが基本的にできていたのです。

ところが、十年ほど前から、ＡＤＨＤ（注意欠陥多動性障害）やＬＤ（学習障害）や不登校といった子供たちの問題が校内からどんどん上がってくるようになりました。その問題を解決するために、僕はいいと思うことはすべてやってきました。毎朝校門に立って、子供に「おはよう」と挨拶し握手で迎える。全部のクラスを毎日見て回る。車で地域を回る。夏休みはラジオ体操の会場を見て回り、校長室で補習授業もしてきました。「子供とともに地域とともに」を旗印に、教員・地域・保護者ＰＴＡとも協力して、「子供の幸せ」を目指して徹底してやってきたわけです。

以前は、そのようにして教師や親が必死で努力すれば、子供たちは確実に直ったんです。ポイントは子供をなめるほどかわいがることです。ところが、最近はそれでも支えきれない子供たちが出てきた。結局、子供たちが群れ遊びができなくなり、タコ壺に入ったようになった。朝、「おはよう」と握手をすると、握り返す子供の手がどうもおかしい、ふやけた感じで、力がない。大変なことになっていると思いました。

僕は二十年以上前から人格の発達に関心があって、今上陛下の東宮侍従をなさっていた清水二郎先生を顧問に「教育を考える会」を長年やってきたのですが、そこで脳と子供の発達という視点で勉強も続けてきました。そんなこともあり、昨年（平成十六年）一月に校内研修で「脳と教育」というテーマで講演したんです。そうしたら、次の日に偶然にも、市の教育研究会主催の講演会で森先生の「ゲーム脳と子供たち」という講演を聴いたのです。僕はデータに基づいた衝撃的な内容に驚きました。講演終了後舞台裏に行って、いろいろ質問しましたら、森先生が「私の研究室に来てください」と誘ってくださいました。
　早速森先生の研究室を訪問し、「子供たちの不幸を見ているのはもういたたまれないから、日本の子供たちを救っていただきたい。現場を助けていただきたい」とお願いすると、直ちに応じられ、その二カ月後に東本郷小学校の校内研修で「脳科学と教育・ゲーム脳」という講演をしてくださったわけです。
高橋　森先生の『ゲーム脳の恐怖』を拝読して、私も大変な衝撃を受けたのですが、ゲームが子供たちの脳に与える影響に注目されたきっかけはなんだったのですか？
森　僕は、もともとは脳内の体性感覚野と運動野の神経回路（ニューロン）の研究を長年やってきました。平成十年（一九九八）ごろから、簡単に脳波を測定できる機械を自分で開発して、痴呆（認知症）の人の脳の状態を研究していたのですが、たまたまある企業のソフト開発者の脳波を測定する機会があって測ったところ、痴呆の人と同じようなパターンの脳波が検出されたわけです。
高橋　具体的にはどんなことですか？
森　痴呆の人や高齢者の場合は、特に脳の前頭前野の機能が低下することが知られていて、脳波を見ると、脳細胞の活発な活動を示すβ波が極端に低下し、脳の落ち着きを示すα波のレベルまで接近してしまうのですが、ソフト開発者の脳波がそれと非常に似ていたわけです。いったいどうなっているんだろうと興味をもって、前頭前野を中心に子供たちの脳波を調べていったところ、ゲームをやっている子供ほどβ波が極端に低くて、前頭前野の機能が低下していることがわかったわけです。
　そんな脳波データを蓄積して『ゲーム脳の恐怖』という本を出したこともあって、川口市教育委員会から依頼があって講演を行いました。そのときに、百二十八チャンネルという最新鋭の脳波測定機器を駆使して出た脳波の詳しいデータをスライドでお見せしたので、桑原先生が反応されたのはたぶんその部分だと思います。

◆ビデオで赤ちゃんもゲーム脳になる

高橋　私は学級崩壊問題に関心があって、これまで多くの教師の相談に乗ってきたのですが、国立教育政策研究所が学級崩壊についてまとめた報告では、あくまでそれは教師の側の問題だという論調でした。私はそれも間違っているとは思わないんですが、学級崩壊の根本には子供の脳に異変が生じているという問題があるんじゃないか。そこをキチッとえぐらないで対症療法でものを考えても解決がつかないんじゃないか。そういう疑問をもっていたんです。森先生の本を読んだり講演を聞かせていただいて、それが確信に近いものとなりました。子供の脳とテレビゲームの関係を詳しくご説明いただけますか。

森　前頭前野はヒトで最も発達した脳の領域で、意欲、理性、注意、作業記憶、情動抑制などを司り、人間らしさを保つために重要な働きをします。成長期にある子供たちがテレビゲームをやりすぎると、脳の発達に大きな影響を与え、この前頭前野の機能が低下してしまうのです。特にアナログ脳といわれ、イメージや心や感性に関係する右脳の前頭前野の機能が極端に低くなります。さらにデジタル脳といわれている左脳の前頭前野も低下した状態になると論理性がなくなり、ものを理解することが困難になると考えられます。このような状態を私は「ゲーム脳」と呼んでいるのです。ゲーム脳の子供たちは、キレやすく、注意力散漫で、創造性を養えないまま成長したり、若年性痴呆を加速する可能性が高くなります。

例えば一歳児くらいの言葉がまだうまく出ない時期にテレビやビデオによって大量に視覚情報をインプットされると、その過剰な光刺激が脳に影響を与えて、運動系の言語中枢である「ブロウカの言語中枢」も、感覚性言語中枢である「ウェルニッケの言語中枢」も、うまく形成されないといった現象が起きてくることがわかっています。その結果、極端な例では三歳になっても話せない子供もいる。それくらい脳への影響が大きいわけです。

知・情・意の部位と４つの葉

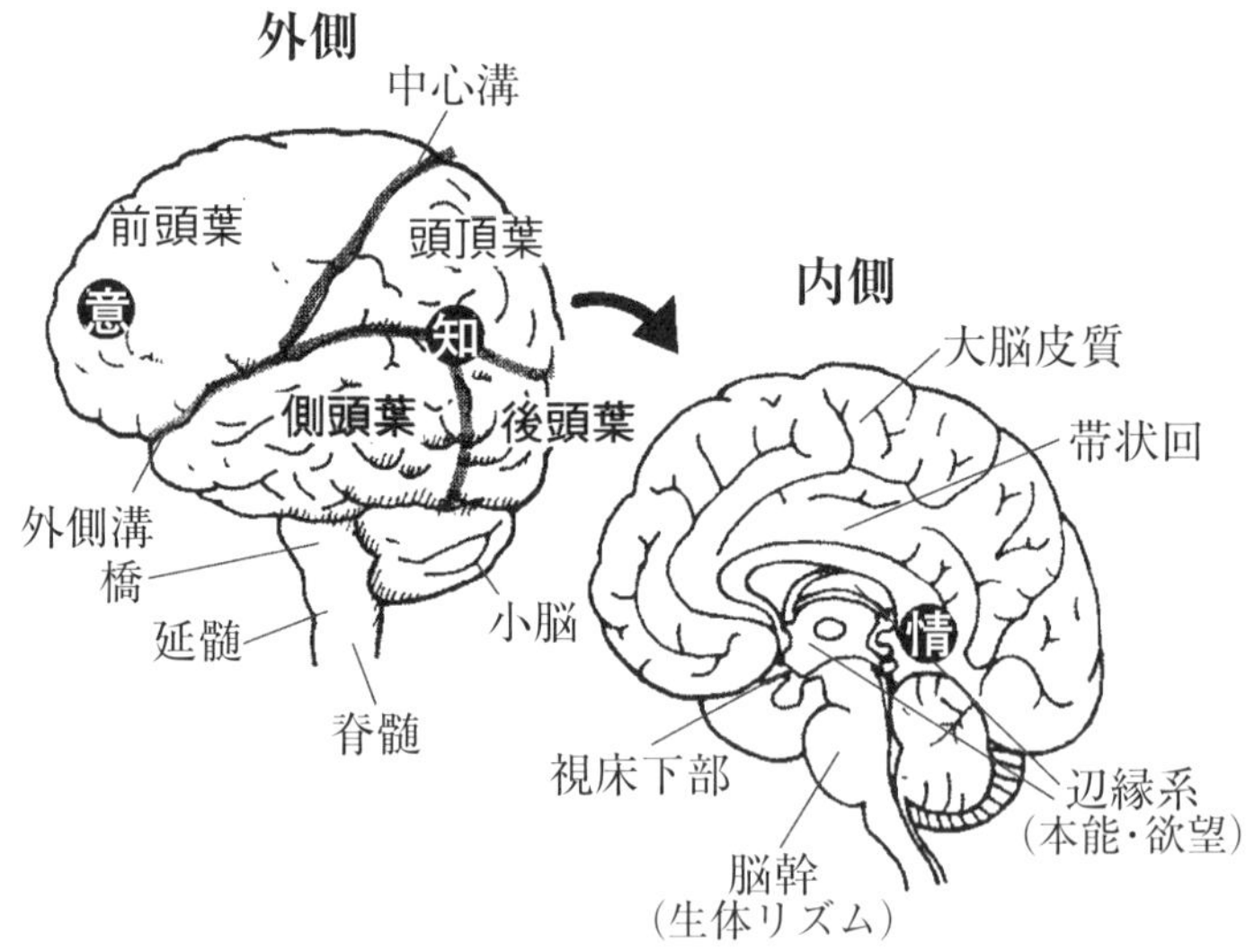

高橋　森先生は「右脳の臨界期は三歳」とおっしゃってますね。臨界期と言っても難しいんですが、「産経新聞」の平成十五年八月二十四日の一面トップに脳科学に関する記事が掲載されていて、脳の臨界期というのは「脳の発達過程の中で、言語や視覚などの能力獲得に重要な役割を持つ時期。生後まもない一定時期に生涯で一度だけ訪れる。そのとき経験した外部環境に適応するため、脳神経回路の組み替えが柔軟に行われ、臨界期を過ぎると神経回路は固定されてしまう」とありました。こういうことでよろしいですか。

森　そのとおりだと思います。しかし、多少、神経回路は再構築されます。

高橋　昔から「三つ子の魂百までも」と言われます。そこから三歳までの手作りの教育がとても大切だという「三歳児神話」も語られてきたわけです。ところが、それに対して「厚生白書」が「合理的な根拠がない」といったこともあって、最近では、親が手間暇かけて子育てをする手作りの教育を軽視する風潮が出てきていた。森先生が脳科学の立場から右脳の臨界期が三歳とおっしゃったことで、三歳児神話をもう一度創造的に再発見する必要があると思いました。

森　そう思いますね。例えば、生まれてすぐの赤ちゃんに毎日テレビを五時間も七時間も見させていると、脳のネットワークが形成されにくいので、必ずおかしくなると思います。そういう意味では過剰な刺激というのは気をつけないといけないですし、脳のネットワークを健全に形成するためには、やはりスキンシップや語りかけが非常に大事だということが、実際にいえると思います。

◆目の輝きや顔のしまりのない現代っ子

高橋　この「産経新聞」の記事には、研究者の間では「豊かな感受性は脳の成長がほぼ固まる小学生低学年の八歳までが決定的な鍵を握るのではないか」といった知見も出されているとあるのですが、三歳までとか八歳までというのはどう考えたらいいんでしょうか。

森　幼児のときは、自分が発する情報より周りから得られる情報のほうが多いわけですが、小学校の低学年くらいになると、今度は自分の欲求とか自己主張といったことが出てくるので、たとえば会話を大事にして、相手の気持ちを読み取って、それに対する受け答えをするといったことも重要になってくるわけです。そういう感受性を育てるという意味で八歳前後までは非常に重要な時期です。そういう時期にゲームばかりしていると、前頭前野に影響が出てきて、健全な脳のネットワークが形成されにくいわけです。

高橋　有害環境が子供に与える影響については、心理学者の福島章さんと小田晋さんが論争をされていて、小田先生の「影響がある」に対して、福島先生は「必ずしも影響があるとは言えない」という立場だったんですが、森先生のご本には、テレビゲームをやり過ぎると脳波に影響が出てくるということが、反論の余地もないぐらい明確な証拠とともに述べられていたわけです。これはもう決着がつきつつあるのかなあという思いがします。最近は、食生活と前頭前野の関係も議論になっていて、栄養の偏りとか間食の増加、柔らかい食品の増加、つまり咀嚼しないことなどが問題視されていますが、これはどうなんですか。

森　関係があると思いますね。例えばゲームをしながらものを食べる、要するに食べ物に対する興味をなにも示さないというのはまずいと思うんです。やはり視覚的なものも必要ですし、旬のものを味わうという感覚も非常に大事です。それから、固いものを食べるというのは咀嚼運動で、咬筋の収縮を伴いますから、化学伝達物質のセロトニンが出てきて、脳の働きをよくするんです。

高橋　セロトニンとはどういうものですか。

森　セロトニンは、ドーパミンやノルアドレナリンなどとともに、前頭前野にも働く神経化学伝達物質の一つで、ドーパミンやノルアドレナリンが興奮性の化学物質であるのに対して、セロトニンはその二つの化学物質を抑制する作用があり、不安やパニック状態を引き起こしそうなとき、平常心を保つ調節的な役割を果たします。運動をすると、このセロトニンという物質が脳全体に出て、脳の働きを調節するんです。そういう意味でセロトニンというのは非常に大事です。

例えば、運動しないでゲームばかりやっていて、ゲーム脳になっている子供たちは、脳がセロトニン欠乏状態になっています。セロトニンが欠乏すると目の周りに力がなくなり、顔にもハリがなくなって、しまりのない顔になります。逆に、よく運動する子は目に輝きがあり、顔もしまってキリッとしている。それから、抗重力筋と言って、地球の重力に対して抵抗する筋肉があるのですが、これらの筋肉が、セロトニンが出ることによって関節を伸ばし姿勢を正しく維持する調節をしているわけです。

高橋　セロトニンは幸福感や母性愛の源だといわれていますが、セロトニンと幸福感とは関係あるのですか。

森　セロトニンは「幸せの物質」とも呼ばれていて、

脳の働きを安定させ、それによってある意味の幸福感は確かに出てくると思います。逆に、セロトニンがないと、不安になったりイライラしたり、いろいろな問題が起こってきます。鬱状態というのはセロトニン欠乏状態です。頭が疲れてボーッとしたときに、散歩やジョギングをすると頭がスッキリして顔の表情もよくなることがあると思いますが、それはセロトニンが出て脳の働きを調節しているからです。

それから、セロトニン欠乏の場合は痛いという感覚が非常に強くなる。例えば元気で走り回っている子供は、セロトニンがたくさん出ることによって、転んで膝などをすりむいて「痛い」って泣いても、すぐにケロッとしている。痛みに耐えられるんです。セロトニンが欠乏していると、その痛みに対する我慢強さがなくなって、痛みが強くなる。そういう意味でセロトニンは非常に重要なんです。

◆自己コントロールができない

高橋　キレる子供、情緒不安定な子供がこの十年ぐらいでドーンと増えてきたという印象をもっているんですが、今問題になっているADHDやLDと脳の問題は関係があるとお考えですか?

森　ものすごく関係があると思います。私もADHDの子供の脳波を調べたことがあります。例数が少ないので決定的なことはいえないんですが、ADHDの子供たちは、ゲーム脳のセロトニン欠乏状態とまではいかないものの、前頭前野のβ波の活動が非常に低く、てんかんみたいに一過性でストン、ストンと脳波が異常値近くまで下がるんです。それが情動抑制が効かない状態で、カーッとなると自己コントロールができない状態が起こっているんだろうと思います。

高橋　それには先天的なものと後天的なものとあるわけですか。

森　もちろんてんかんのように先天的なものは昔からありますが、それ以外の環境的な要因によって、しかもかなり高い確率でセロトニン欠乏が起こっているのが、今の日本の状態であろうというふうに思います。

高橋　環境的な要因というのは？

森　テレビやビデオを何時間も見たり、テレビゲームや携帯型ゲームを長時間やったりといった問題が関係していると思いますね。

高橋　子供の発育段階で言うと、小さいときのほうが影響が大きいのですか。

森　小さいときのほうが影響が大きいと思います。私が会った小学校六年生のＡＤＨＤの子供の場合は、初対面のときの私への挨拶が「バーカ」でした。それで、「帰ろう、帰ろう」と言ってお母さんを連れていってしまうので、私が「チョコレートあげる」と言ったら、「そんなもんでだまされるか、バーカ」です。お母さんによれば、知能指数は一一〇ぐらいということでしたから、頭はそれほど悪いとは思わないんですが、やはり前頭前野の働きが悪いので、自己コントロールができない状態です。

高橋　そういう状態になったのはゲームの影響ですか？

森　そうです。その子の場合は、かなり小さいときからテレビ、ビデオに子守りをしてもらっていて、三年ぐらい前からゲームに凝りだしたそうです。それから非常にキレるようになっておかしくなったので、ある大学病院で検査したらＡＤＨＤと診断されたということでした。ですから、まずテレビとかそういう画面による影響があって、そのうえゲーム漬けになったことで、極端に出てきたという感じですね。

高橋　親の関わり方の問題はありませんか。

森　大いにあります。ほとんどの場合親が悪いのです。親が子供にテレビとかビデオを子守り代わりにさせて、そういう環境の中で子供が成長してきたのですから、子供が「バーカ」というような言葉を発しても、「そういう言葉を出したら駄目よ」という注意さえ一切しない。そういう親がほとんどです。

◆脳波をもとに生活指導を行う

高橋　森先生は、大学院生九名とともに東本郷小学校を訪問し、三日間にわたって脳波の測定機器を使った子供たちの元気度調査をなさったり、東本郷小学校で「動物の脳と人間の脳」と題する授業をしたりしてこられましたね。それはどういういきさつからですか?

桑原　森先生に現場への助力を頼んだときに、先生が学術的に調査を進めたいということでしたので、「私どもも助けていただくのですから、全面的に協力する」と申し上げました。

高橋　このとき、教員の反応はどうでしたか。

桑原　うちの学校の教員は、今までの僕の生き方を見ているからほとんど反対はしませんでした。親のほうも、脳の検査ということで一部心配する人もいましたが、森先生からの調査協力依頼文もあり、とりたてて反対も出ず、全校の九割強の児童が調査に協力したわけです。

高橋　具体的にはどういう調査ですか?

森　子供たち一人ひとりに八十項目ぐらいのアンケートに答えてもらって、そのあと脳波を取り、さらに「あなたはゲームやってないの?」とか「ゲームはどうやっているの?」といった聞き取りをしました。

高橋　そのデータはどうしたのですか。

桑原　個人データですから、一人ひとりにあてて全部先生に出していただいたんです。

高橋　それはどういう内容ですか。

森　脳波のデータとその分析です。例えば「右脳の機能低下が起こっています。テレビの見過ぎが原因なので、これを改善するにはテレビを一日一時間ぐらいにしてください。そして読書は必ずさせてください」というように、それぞれに全部コメントをつけています。

高橋　こういう調査は教育界では画期的です。教員の共通理解と親の大多数の共通理解がないと、こういうことはできないからです。

桑原　反対がある場合でも僕はいつも心底誠意をもって対話します。普段から子供に熱情(溢れる愛情)をもって接することです。特に教師や親たちの信頼関係は一朝一夕に築き上げられません。積み重ねが大事です。瞬時の判断が勝負です。そういうものがベースにあれば教師も親たちも応援してくれるわけです。

高橋　桑原先生の熱意と説得力で、教師や親との連携がしっかりとできているということですね。一般的には、LDとかADHDに対する教師や親の理解は必ずしも十分ではないんですね。LDとかADHDで活躍している人もいっぱいいるわけですから、パニックにならなくてもいいのに、特に親はパニック状態に陥る人もいる。だから、こういうプライバシーに関わることには非常に神経質なところがあるわけです。

桑原　過剰反応ですね。じっくり適切に指導していけばどのような子も必ず改善します。本校では百パーセント改善しています。悪化した子は一人もいません。

高橋　私は神奈川県で不登校対策の専門部会長をしていたんですが、フリースクールの関係者には、不登校は病気じゃないという考え方が非常に強い。もちろんそれにも一理あるんですが、例えば十年閉じこもっていて、「小児型慢性疲労症候群」という無気力状態が続いている子供の脳がどうなっているか。それを医学的に解明することは、とても大事なことだと思うんです。科学として解明して医療的にどう治療するかということをやらないで、ただどう関わればいいかというような対症療法だけでは、根本的な解決にはならない。閉じこもりとかひきこもりと脳の関係はどうなっているんでしょうか。

森　ひきこもりはまだ調査したことはないんですが、前頭前野の働きはかなり悪いと思います。前頭前野は将来に対する夢なども司る重要な働きをしますから、やはりやる気が起こらないといった問題が起こるんじゃないかと思います。

◆同級生殺害小六女子とゲーム脳の関係

高橋　平成十六年（二〇〇四）、文部科学省がまとめた児童生徒の問題行動対策重点プログラムの中に、同級生を学校内で殺害した長崎★(注1)の小学六年生の事件が取り上げられていて、「一時の衝動的な感情に抑制が利かなくなってしまい、インターネットへの書き込みが憎しみを抱く大きな要因の一つになったと考えられるが、情報モラル、マナーという観点からの学校などにおける指導が十分とは言えなかった」という趣旨のことを述べていて、再発防止策として「命を大切にする教育」「学校で安心して学習できる環境づくり」「情報社会の中でのモラルやマナーについての指導のあり方」の三点を挙げているんです。

僕はそれを読んで、これでいいのかと。まず、一時の衝動的な感情に抑制が利かなくなってしまう状態を挙げていますが、なぜ感情の抑制が利かなくなっているかを分析しないで、「命を大切にする教育」と言っても、それは単なるスローガンだけの建て前の教育になってしまうんじゃないか。それから、なぜ憎しみを抑制できないかをはっきりさせないで、モラルやマナーの問題にしてしまっては、これまた根本的な解決にならないんじゃないか。

つまり脳科学という視点から子供の問題の奥になにが起きているかをはっきりさせなければ、対応策も表面的なものになってしまうんじゃないかと思ったんですが、森先生いかがでございましょうか。

森　まったくそのとおりです。根っこの部分をキチッとしないで、うわっつらだけの対応ではなにも解決しないと思うんです。やはり自己コントロールの問題というのは脳の前頭前野を抜きにしては語れないわけです。その前頭前野が、現代人の場合、特に日本人の場合はおかしくなっている。その原因はなにかと言ったら、やはりテレビやビデオを長時間見ている、あるいはゲームを三時間も四時間もやっているということです。

ですから、例えばパソコンを使う場合はいかに共存したらいいのか、どのぐらいの時間が子供にとっていいのかという問題を真剣に考えない限り、これは根本的な解決にならないですね。

高橋　長崎の小学校六年生の事件はやはりパソコンの影響が強いとお考えですか？

森　完全にパソコンの影響だと思います。事件を起こした女の子はパソコンを長時間やっていた。パソコンを長時間やっているとゲーム脳状態になって、前頭前野の働きが極端に低下してくるわけです。前頭前野は理性や道徳心などの人間らしさに関係する場所なので、その働きが低下すると、自己抑制が欠落して「殺すぞ」といった言葉が出てくる。そういうこと自体、前頭前野が機能していないことを示す兆候だと考えていいと思います。

　前頭前野が機能しない状態というのは、一種動物に近い状態とも言えます。ですから、インターネット上で嫌なことを書かれると、動物脳と呼ばれている古い脳である扁桃体に当たる部分にそれが焼きつけられて、一種のトラウマのような状態になってしまうんです。例えば、サルが生まれて初めてヘビを握って噛まれてしまうと、サルはそれがトラウマになって脳に焼きつけられるので、二度とヘビには近づかない。それと同じように、ネット上に書かれたことが古い脳に焼きつけられると消えないんです。そして恨みつらみがどんどん重なって、善悪の判断が困難になり家族に迷惑がかかるとか道徳心が消え失せていますから、視覚的に視床を介して一気に扁桃体に信号がいって、動物の攻撃と一緒で「殺す」という行動に走ってしまうわけです。

高橋　情動抑制が効かず一気にそういう行動に行ってしまうところが怖いですね。

森　ええ。さらに深刻なことに、今の犯罪の大きな特徴は殺しても悪いと思わないことです。昔はそうではなかった。人間らしさを司る前頭前野がある程度正常に働いていれば、悪かったという反省が起こるんですが、最近はその反省が起こらない。★(注2)奈良の女子小学生を殺した三十六歳の男性も、毎日携帯電話を長時間使用していたといわれています。そうすると前頭前野の働きが悪くなっているから、動物と一緒で、殺しても反省は起こらない。

　こういう現象は、ＩＴの最先端をいっている日本だけに特徴的に起こっていて、他の国では起こっていないんです。やはりそれをきちっと認識しない限りだめだと思います。長崎の女の子にしても、事件後はパソコンと関わってないですから、だんだん正常状態に戻っていくんですが、戻ってきた過程で、自分が同級生を殺していながらその子といつ会えるんだろうと、おかしいことを言うんです。それはまさにゲームの世界の感覚で、リセットすれば生き返るという変な感覚になっているんですね。

高橋　そういう事件を防止するためには、どうすればいいとお考えですか?

森　再発防止ということを考えれば、テレビ、ゲーム、ビデオ、あるいは携帯を含めて、その時間を極力減らしてあげる。それが日本の国をよくする根本だと思います。そしてその分本を読んだり、いろいろなところへ出かけたり、いろいろなことをもっと体験する。ゲームやパソコンの世界でいろいろなことをしても心は育たないんですよ。前頭前野も発達しない。子供さんにも親ごさんにもそこをわかってほしいと、僕は最近痛切に感じます。

高橋　立花隆さんなどのように、環境ホルモンが脳に与える影響ということを言う人もいますが、これはどうなんでしょうか。

森　それもかなり関係あると思います。環境ホルモンとは、体内に入ると正常なホルモンの働きを狂わせる化学物質のことで、僕も昨年、日本環境ホルモン学会で講演をしたんですが、環境という観点から考えれば、化学物質だけじゃなくて、テレビとかビデオとかゲームも脳の働きを変えてしまうという意味で、僕は非常に重要な要素じゃないかと思っているわけです。

（二〇〇五年三月号）

（注1）**長崎小六女児同級生殺害事件**

二〇〇四年六月一日長崎県佐世保市立大久保小学校で、六年生の女子児童（当時十一歳）が、同級生を学習ルームに呼びだし、カッターナイフで切り付けて殺害した。被害者の死因は首をカッターナイフで切られたことによる多量出血だった。犯行を行った加害女児と被害者は、お互いにウェブサイトを運営し、パソコンでチャットや掲示板に書き込みをする仲で、サイト上でのトラブルが犯行の動機の一つに挙げられている。

（注2）**奈良小一女児殺害事件**

二〇〇四年十一月十七日奈良市で、帰宅途中の小学校一年生の女子児童（当時七歳）が下校途中に車で連れ去られた。その後、犯人は女子児童の持っていた携帯電話で母親に「娘はもらった」というメールと画像を送りつけ、翌日午前〇時過ぎ、児童は水死体となって道路側溝で見つかった。同年十二月三十日、三郷町に住む新聞販売店員・小林薫（当時三十六歳）が逮捕される。容疑者には女児へのわいせつ行為の前科があった。

●プロフィール

森　昭雄　もり・あきお

日本大学教授・医学博士。一九四七年（昭和二十二）北海道生まれ。日本大学大学院修了。日本大学医学部講師、ロックフェラー大学研究員、カナダクィーンズ大学客員教授を経て現職。専門は脳神経科学。脳内の体性感覚野と運動野の神経回路をニューロンレベルで研究していたが、高齢者の痴呆や情報機器が脳に及ぼす影響についての研究も行っている。二〇〇一年日本健康行動科学会理事長に就任。著書に、『ゲーム脳の恐怖』（ＮＨＫ出版）、『ＩＴに殺される子どもたち』（講談社）などがある。

桑原　清四郎　くわばら・せいしろう

埼玉県川口市立東本郷小学校校長（掲載当時）。一九四六年（昭和二十一）新潟県生まれ。七二年埼玉大学教育学部卒業後、朝霞市立朝霞第三小学校へ赴任、三十二年間の小学校での教師生活をスタートする。七三年武蔵野聖書学舎創設、七五年「教育を考える会」発足、以降三十年にわたり「祖国と人間教育」を探究。清水二郎、川田殖、永瀬正臣他各氏に指導を受ける。二〇〇三年三月には、不登校の転校生二名の卒業を見合わせ、春休みにも補習させて卒業を認定し、全国の注目を浴びた。定年退職の後、現在、川口市立芝中央小学校教諭。

子供の脳をどう守り、育てるか

高橋史朗の「第三の教育論」鼎談【後編】

◆寝屋川小学校教師殺傷事件と「ゲーム脳」★（注3）

高橋　寝屋川市の小学校で白昼、十七歳の卒業生が教職員を包丁で殺傷するという痛ましい事件が起こりました。この少年が小学校低学年から唯一の趣味としてのめりこんでいたのがテレビゲームだったといいます。自宅には数百本のゲームソフトがあり、特に、主人公がおどろおどろしい敵をショットガンやライフルなどの武器を使って殺し続ける「バイオハザード」という人気ゲームに熱中していたそうです。

愛知県豊川市で女性を殺害した十七歳の高校生★（注4）、長崎市で起きた中学一年生による幼児殺傷事件★（注5）、長崎県佐世保市で小学六年生の同級生を殺害した少女など★（注1）、ここ数年の子供による殺人事件には同様の傾向が見られますが、これは森先生が数年前から警鐘を鳴らしてこられた「ゲーム脳」の問題、つまりゲームによって脳の前頭前野の機能が低下して自己コントロールができなくなるという問題が恐ろしい勢いで子供たちを蝕んでいるということになりませんか。

森　ええ、私自身、青少年による痛ましい事件がこんなに次々と起こるとは予想以上のことです。

今回の寝屋川の少年は小学生のときからゲームの天才といわれるほど、テレビゲームにのめりこんでいたことがわかりました。

脳の神経回路は大人になっても形成されはしますが、基本的には十歳ごろで約九五パーセント完成されるんです。だから小学校の時代はとても大事で、テレビゲームは十五分程度にしてほしいと私は常々言っていますが、脳にとって大事な幼少期にテレビゲームに没頭し、反射的な操作を繰り返していると、理性や判断など、人間らしさに関わる前頭前野の働きが鈍り、キレやすく、本能的な行動をとるという可能性が高くなるのです。事件の直後は、小学校の担任がいじめから自分を守ってくれなかったなどと言い、包丁を買って、殺そうという計画をし、実行に移そうと動いて、他の教師を殺害に及んだ一方で、事件から数日経って、「先生を憎いという気持ちはない」などと、訳のわからないことを言っています。これは典型的な「ゲーム脳」だと思いますね。

彼は長い間、自宅にひきこもり、長時間、「バイオハザード」などの攻撃的なゲームに没頭する生活をしてきた。殺人ゲームの場合、「殺せ」という信号を常に脳に送り続けることになる。長時間そんなことを繰り返していると、動物脳と呼ばれている扁桃体にその指令が焼き付けられ、一種のトラウマになるのです。彼の場合、小学校のときにいじめられた記憶と当時の担任の顔がどこかでトラウマと重なったのではないでしょうか。ところが、ゲームから何日も切り離されると、そうした倒錯が消えていくわけです。

今、大半の子供たちがテレビゲームやパソコンが身近にあって、いつでも手が出せて、しかも面白く、長時間没頭してしまうようなソフトがあふれている中で、どうこれと共存させるのか、とても重要な課題なんです。

高橋　桑原校長は、今回の事件をどのように受け止

テレビゲームをしているときの脳波　（森昭雄著『ゲーム脳の恐怖』より）

ゲームを始めるとβ波がα波のレベルまで下がり、これを長時間続けると、痴呆（認知）症の脳と同じようなパターンの脳波となり、前頭前野の機能低下を招く

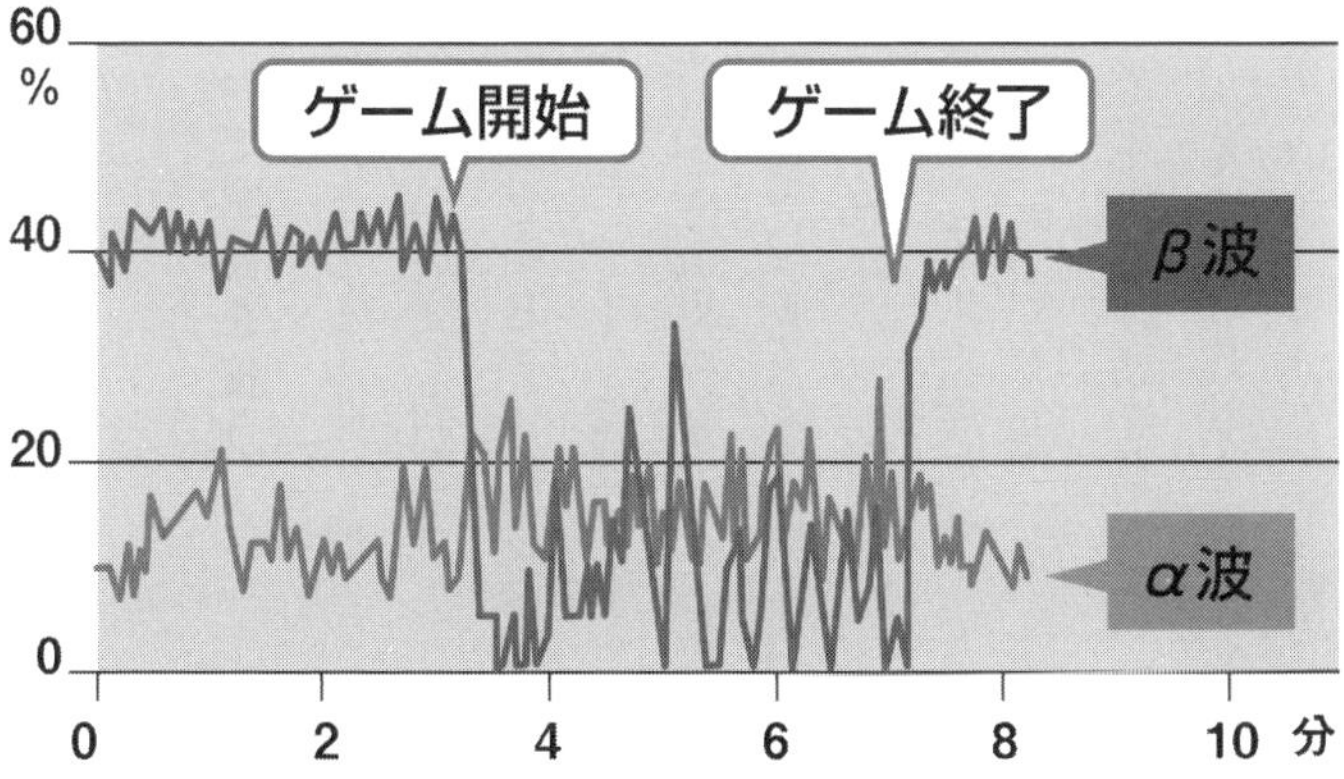

められましたか。

桑原　「また起こったか」、「そのとき校長はどうしたのか、教師はどうしたのか」。これが私自身への問いでした。子供の不幸、教師の不幸はいつまで続くのでしょうか。いったい校長は何をすべきなのでしょうか。本校は登下校時の学区巡回、不審者侵入訓練（埼玉テレビ放映）、刺股の全学級配備、「一一〇番の家」、校務員の見回り、町会では防犯パトロール隊の結成と定期巡回（NHK放映）など、あらゆる対策を取り、地域をあげて安全・安心確保に取り組んできました。

　しかし、この地域では、車上荒らしや自販機荒らし、自転車やバイク・自動車の盗難、器物破損などの事件は後を絶ちません。月に平均でも、十件から十五件もあるのです。道徳性の欠如、善悪の判断未熟、親や学校が教えているにもかかわらず、こうした問題は後を絶ちません。

　もっと根本的なところに問題があるのではないか……、それが僕の疑問なのです。ひょっとしたら、

脳の新皮質・旧皮質のみならず、脳幹そのもの、命のリズムに異変が起きているのではないか、というのが実感です。

◆科学の目をもって感性を養う

高橋　われわれ教育に携わる人間、あるいは子供をもつ家庭では日々子供の現実と向き合っていかなければなりません。テレビやビデオが日常生活の中に当たり前のように存在し、ＩＴ機器があふれ、刺激的なゲームがあふれかえる世の中で、子供たちは常に「ゲーム脳」の危機にさらされているわけです。

この鼎談の前編では、最近、「キレやすい」「無気力」「情緒不安定」といった子供たちが増えて学級崩壊や不登校が広がっている根本には、脳の問題が関係しているということを中心に話を進めたわけですが、今回は、子供たちのそういう現状を踏まえ、今後どういう教育が望ましいかについて話を進めたいと思います。

桑原先生は脳科学を教育に生かそうということで、森先生の講演や調査などの協力も得て、東本郷小学校で「脳科学と教育」の自主研究をなさってきたわけですね。脳科学を教育現場に入れていくうえで配慮されている点はございますか。

桑原　ただでも忙しい先生方を新たな繁忙に陥れたくはありません。そこで僕は先生方に、「この研究はいわゆる脳の教育ではないから今までどおり授業に打ち込んでほしい。私が必死に勉強して先生方が困っていることを解決するために脳科学の知見を提供します。脳科学と教育の架橋・融合を目指します」と言っています。

森先生との付き合いが始まる前から、僕は僕なりに、子供の不幸や教育の危機を救うためにさまざまな実践をしてきました。今の学校に赴任した四年前は、子供たちがふらふらして落ち着かず、学校としての安定感がありませんでした。

森先生のお話や著書で、ゲームのやりすぎが脳に与える影響や、ゲーム脳にならないための方策を知って、とっても納得がいったわけです。『ゲーム脳の恐怖』は子供の現実そのものでした。森先生と出会ってますます最新の脳科学の知見が驚くほど教育の成功事例と重なり合うことに気づかされています。これからも森先生のご協力を得て、子供がゲーム脳にならない生活指導や、健全な脳を育てるための教育活動を行うつもりです。

高橋　ちなみに、これまではどんなことをなさってきたのですか？

桑原　朝読書と読み聞かせは以前から徹底的にやっています。朝読書は毎朝八時二十五分から始まるのですが、教師が子供と一緒に本を読んでいると、二、三分、ときには三、四分で全校が水を打ったように静かになります。これはもう想像できないぐらい劇的に変わります。

高橋　東北大学の川島隆太先生は音読がいいと言っていますが、なぜ黙読なのですか。

桑原　はい。音読の効果は限りないものがあります。しかし、子供の脳を「家庭モード」から「学校モード」に切り替えることはもっと大事です。落ち着いた朝の始まりは、授業のリズムを整えるうえで決定的に重要です。沈黙の時間が子供の心を整えるのです。

音読はその次です。教師が音読してみせ、子供に音読させ暗唱させると、子供の体に言葉の力が伝染し、子供の作文や詩にリズム感のある表現や体言止めが出てくるわけです。ですから、音読は国語の授業で、例えば音読カードを取り入れ、家庭の協力も得て進めています。

それから、子供たちの動きを知るために万歩計をつけてもらっています。学校に万歩計が全部で八十個ほどあるので、例えば、体育の時間に子供たちにつけてもらって一時間で何歩歩くかとか、一日ではどうかといったことを調べるわけです。

万歩計のデータを取ると、ずいぶん個人差があることがわかります。一人ひとりにとっての授業の密度が把握できるのです。また、足の裏と脳のシナプス回路は連動していますから、脳にどれだけ刺激を与えたかもわかるのです。あるいは、子供たちが外で遊ぶような季節になったら、僕は毎日、外回りをバーッと二回ぐらい回って、外遊びをしている子供の数を数えています。特に外遊びは大事です。ですから、僕は暑い夏も寒い冬も年間を通し、毎日校庭や農園、中庭・低学年遊び場などを見回り、励ますわけです。「おっ、頑張ってるな、ドンドン遊べ、元気に遊べ、仲よく遊べ」と声をかけながら、人数をメモし、職員に報告するのです。

高橋　できるだけ状況を数値化して教育活動の判断材料にしておられるわけですね。

桑原　そういうことです。また、体育の授業密度を高くすることにも努力していて、登り棒やタイヤ跳び、相撲や縄跳びなども取り入れています。感性の豊かさを養うために、音楽会やクリスマスミニコンサートなども行っています。

高橋　どんな効果がありましたか?

桑原　先ほども触れたように、僕の赴任当初、この学校では信頼関係の絆は途切れていました。そのときに僕が言ったのは「教育は愛、愛こそ教育」であり、「なめるほど子供をかわいがってくれ!」との嘆願と、「友達大好き、先生大好き、学校大好き」というキャッチフレーズでした。これは脳科学から見ても理にかなったことで、子供は大好きな先生の言うことは聞きますが、嫌いな先生の言うことは聞こうとしません。つまり、好きな先生を前にすると、脳はスイッチ・オンになり、フル回転をしだすんです。逆に、嫌いな先生だと、脳が閉じてしまうと言ったらいいのか、回路がオフになってしまいます。

ですから、子供たちが好きになるような学校にしたい。そのためには学校をよくするしかない。そうすれば、欠席が減ってくるだろう、不登校もなくなるだろうということです。それで、先生方の協力を得て努力した結果、全校で欠席ゼロの日が生まれました。去年は三日ほどあったはずです。これは容易にできることではありません。各担任の努力があり、同学年のクラス間の信頼と協力、学年間の協力、職員と管理職の信頼関係、さらには親の理解と協力、これらがすべて網の目のようになっていないとできない。要するに、学校が教育共同体として機能しないと起こらないことです。「欠席ゼロ」が実現した日には、「ありがとう、バンザイ！　ありがとう、バンザイ！」と言って、職員全員にケーキをふるまって祝いました。

◆出席簿は信頼できる唯一のデータ

桑原　学校の中で信頼できるのは出席簿です。出席簿だけはごまかしがきかない。子供たちが学校に行きたいと思っているか行きたくないと思っているかが正直に表れるからです。

高橋　子供たちの様子や表情にも変化がありましたか？

桑原　僕は教育の問題は子供を見ればわかると思っています。おかげさまで、最近のわが校の子供たちは、校外に見学学習に行っても、「お宅の子供たちは、みんないい子ですね。素直そうだし、生き生きしていますね。態度もいいし、他の学校とひと味違いますね」と、どこでも言われます。三泊四日の大貫海浜学園（宿泊学習）は大事な試金石です。子供の育ちが一目瞭然に表れるからです。五年生も六年生も管理人さんにうんと褒められました。

僕は子供や職員の動き・動線を常に見ています。そうすると、一人ひとりが、生きた動きをしているのか、あるいは意味のない死んだ動きしかできていないのかが見えてきます。うちの職員は実に見事な動きをします。ムダがない、ムリがない、表情がいい、そして愛情があふれているのです。

高橋　森先生をお招きしての東本郷小学校でのこの一年間の脳科学研究のベースには、桑原先生の根っからの教育者というか、熱血校長としての下地があったわけですね。森先生は、平成十六年（二〇〇四）七月に三日間にわたって東本郷小学校の子供たちの元気度調査を行っているわけですが、調査結果はどうでしたか？

森　一年生の場合は前頭前野の機能低下がかなり見られました。たぶん幼稚園ごろまでテレビゲームをやっていた影響だと思います。二年生の場合は、学校生活が忙しくなったせいか、それとも学校の指導などもあったためか、それほど前頭前野の低下は見られませんでした。ただ六年生の場合にも前頭前野の機能低下が少し見られました。全体としては、これまでの他での調査に比べて、それほどひどい機能低下はないと感じました。

桑原　うちの学校のデータは一般的にはあまり通用しないと思います。なぜなら、今までも朝読・読み聞かせをはじめ、仲良し遠足・仲良し給食・仲良し班遊ぼう会、囲碁の会など、前頭前野にもいい影響を与える特色ある活動を生み出しているからです。とは言っても、子供たちの脳のより健全な発育のために、これからわが校では、いわゆる「ノーテレビの家庭」に家庭賞をあげることも考えています。森先生の調査で得られたデータをもとに、家庭ではどういうことができるかを各家庭にアンケートをとって、例えば「一週間に一日はノーテレビにする」とか、「ひと月に一週間はノーテレビにする」とか、「一日のうちテレビを一時間以内におさえる」というふうにしといて、子供と相談してどれかを選んでもらう。それに従って僕は、「あなたの家庭はこの一週間ノーテレビデーと認定します。一所懸命頑張りましょう」という形で、保護者に委嘱状を出して、子供と親の協力でそれが守れたら、家庭賞を贈りたいと思っているわけです。

高橋　保護者へのアンケートはこれからですか？

桑原　本格的にはこれからですが、ひと月前には森先生の「元気度チェック」結果を受けて、さっそく「あなたの脳は元気ですか。テレビゲームの時間を考えましょう」というアンケートを取り、子供と保護者の意識調査を実施しました。これをもとに、これから具体的に取り組みたいと思います。

高橋　多くの学校では校長も先生方も混乱していると聞いていますが、桑原先生は教育界の混乱の原因は何だと思いますか

桑原　私が痛感しているのは、子供の不幸・教育の危機を招いたのは、教育界における学問精神の欠如、

徹底した実験検証の欠落にあるということです。教育は限りなく迷走しています。特にここ十数年、文部省の担当官が変わるたびに方針がくるくる変わってきた。そのたびに、教育の現場にいる教師たちはあっちこっちに振り回されて、みんな英気を失っている。本当のところ教育に対するエネルギーを失っています。現場の校長たちを見れば本当に暗いですよ。文部省の方針の混乱が教育の混乱を、学校の混乱が子供の不幸を増幅させてきました。こんな不幸に誰がしたのか。それは要所にいる人間です。要所にいる人間がなぜそういう問題を起こすのか。結局、教育界は学問の精神がものすごく希薄だということが決定的だと思うんです。営々と積み上げる教育は、学問の確かな成果の上になければならないのに、これまでは曖昧模糊とした一般論に振り回されてきた。ですから僕は、曖昧模糊とした一般論を語らないで、自然科学の手法による徹底した実証、特に驚異的に発展している脳科学の知見を教育活動に活かしたいと考えたわけです。

◆脳科学を教育に活かせない教育学者

高橋　桑原先生はそういう深い危機感があって、脳科学の知見を教育に取り入れようとしているわけですね。ところが今、教育学者は脳科学を教育に導入することに大勢は反対です。なぜかと言うと、「脳科学で心や感性の全体性は解明できない。わかるのはごく一部だ」という考え方なんです。

私は感性教育が専門ですが、確かに心とか感性というのは非常に漠然としています。ですから、日本感性教育学会をつくるときも、感性とは何かということは一年議論してもなかなかはっきりしなかった。しかし私は、脳科学の立場から心とか感性にある程度アプローチできると思うわけです。もちろん全体を解明するには時間がかかるでしょうが、それは非常に深い教育の本質につながるものなので、心や感性に脳科学の立場からアプローチすることはすごく大事だと。しかも教育の危機の現実を見ると、危機の根本に脳の問題があるので、ここに焦点をキチッと見据える人は、今後僕は増えていくと思うのです。森先生、心とか感性とか遺伝子について、脳科学との関係ではどのように認識しておられますか？

森　心や感性を育てるには、幼児期、児童期が非常に重要だと思います。特に幼児期は重要で、感性というものは幼時期から五感を十分に刺激して、特に右脳を刺激してあげないと育たないんです。右脳はアナログ脳ともいわれ、イメージとか感性などの抽象的なものが得意とされているのですが、そういうアナログ的な情報を幼児期にたくさん入れてあげる必要があります。

それから、言語とか計算とか分離性の働きはデジタル脳といわれる左脳が得意とされているわけですが、特に言語が育つ三歳前後からの時期には、感性豊かな情報をインプットしておくことによって、表現も非常に豊かになってきます。一つの言葉を表現する場合でも、ロボット的に言うのと非常にソフトに表現するのとではだいぶ違う。それは幼少時の経験、体験がものすごく大きいと思います。そういう時期に、例えば虐待を受けたりテレビ漬けやビデオ漬けになったりした子供は、やはりいい感性というのは育たないと思います。

高橋　村上和雄さんが「遺伝子の九七パーセントは眠っていて、三パーセントしかスイッチ・オンになっていない。眠っている遺伝子をスイッチ・オンにするのは、喜び体験、感動体験、そして感謝の体験である」とわかりやすい話をしておられます。私は、それは「幸せの物質」といわれるセロトニンなどの脳内物質が出てくることと関係があるんじゃないかと思っているのですが。

森　確かに外的刺激で遺伝子がオンになるということはあると思います。例えば、日本でうだつのあがらない人が、海外へ行って非常に成功するという例がある。ですから、脳のネットワークが外的刺激によって働きがよくなり、情報が非常に脳の中を風通しのいい状態でよく動く。あるいはさびついて動かない状況にあった遺伝子的なものが、外的刺激によって情報を出力するということはあると思います。

ただそのためには、ベースとなるべきいろんな知識や体験を、脳に大量にインプットしておく必要もあると思うのです。

◆親としてやるべきことは山ほどある

高橋　教育界は長い間イデオロギー対立の時代だったわけです。それを超えるためには、大人が何を教えるかという「教」の視点に立つと、どうしても対立するので、脳科学の立場から、何が子供の脳を育むかという「育」の視点に立てば、新たな解決の糸口を見いだせるのではないかと思うわけです。例えば、感性や知性、徳性をいつどのように育むのがいいのか。あるいは、最近、食育の重要性が言われているわけですが、食事が子供たちの心や体の発達にどういう影響を与えるのか。そういったことも、脳科学の立場から解明していただいて、その知見を従来の学問の垣根を超えたホリスティック（包括的）な視点から捉え直すことが、これからの教育に大きな意味をもってくるんじゃないかと思っているわけです。

それから、近年「親学」というものが注目されているんですね。それで、この脳科学を親学に導入すれば、家庭で子供にどう関わるべきかが明らかになると思うのですが、脳科学の立場から親が子供にどう関わるべきかについてどのようにお考えですか？

森　まず、親が自分の目線ではなくて、やはり子供の目線で考えてあげるというのが大事だと思うんです。

例えば、夜十一時過ぎにファミレスに行っても、幼稚園児とか小学校低学年の子供が親と一緒に食事をしている。これはやはり小さい子供の経験としては異常です。昔だったら、小学生のときでも「八時過ぎたら寝なさい」という親のしつけが結構あったと思うのですが、今は親自身がゲーム世代のためか、そういうしつけがなくなってきた。ですから、日常生活をまず正常にさせる必要がある。簡単に言えば、早寝早起きの習慣をつけさせるといったことです。なぜそういうことが必要なのか。例えば、十分な睡眠をとると、睡眠中にメラトニンというホルモンが出てきて、そのメラトニンが傷ついた細胞を寝ている間に修復するわけです。あるいは成長ホルモンが出てきて子供を正常に発育させる。ところが今の子供は、夜中までテレビを見たりゲームをやったりして、電気をつけっぱなしにして寝る。そうすると、睡眠が浅く、うとうと状態になるので、メラトニンも出ないし成長ホルモンも出てこないわけです。そのへんのところを親として知っておかないといけない。

それから、子供がテレビ漬けやゲーム漬けになっていると、子供の脳がどうなっていくかという実態も、やはり親が知っておくべきだろうと思います。そのへんはやはり脳科学の領域から親にまずキチッと知ってもらうことを考えるとよろしいんじゃないですか。

高橋　私は今、全国で親学講座とか親学フォーラムをやっているんですが、そのときに胎教や臨界期・感受性期の話をしますと、子供が既に高校生や大学生になっている親にとっては、「三歳児とか八歳児が大事だと言われても後の祭りで、もっと早く聞きたかった」という声が結構多いんですね。そういう親にはどうアドバイスしたらいいですか。

森　いいことを子供や孫に伝承していくことは大切なわけですね。ですから、子育てが終わったからもう遅いとか関係ないということではなくて、自分の子供が将来結婚して子供ができたときのために、親から子供にそういうことを伝承していくという意味では、勉強は一生必要だと僕は思います。最近明らかになってきた脳科学のいろんな知見といったものについても、親の立場でよく勉強して、子供や孫にキチッとしたものを伝えていってほしいと思います。

◆生命の中枢・脳幹を鍛える

高橋　よく「脳幹を鍛える」と言いますが、脳幹と子供の問題とはどう関わっているのか、脳幹を鍛えるためにはどういうことが大事かというあたりを補足していただけますか。

森　脳幹に関しては、超能力者のマクモニーグルさんという方が私の研究室にいらして実験をやったことがあります。『ＦＢＩ捜査官』というテレビ番組で放送されたので、ご覧になった方もいるかもしれません。その方はもともと予知能力が非常に高かったそうです。その能力を見込まれて特殊訓練を積んで、脳幹のトレーニングをやらされたということでした。なぜ脳幹かというと、脳幹というのは、呼吸のリズムの発生源であり、また、血圧などを調節する神経細胞などが存在している場所なんです。いろんな情報が脳幹を介して脳に入ってくるので、生命を維持するうえでとても重要で、生命の中枢とも呼ばれています。例えば、睡眠覚醒でいうと、脳幹の活動が低下すると睡眠状態に入りますし、脳幹が活性化すると脳全体が非常に冴えた状態になって覚醒します。

恐竜のような昔の動物は脳幹で生きていました。今アフリカにいる動物も脳幹が非常に重要だと言われています。それはなぜかと言うと、動物というのは殺気とかいろんな予知能力を頭の後ろで感じているんですが、それはすべて脳幹なんです。この脳の機能が低下してしまうと生きる力とか予知する力というのは生まれない。したがって彼は、その脳幹のトレーニングをして、予知能力を高める訓練をしたということでした。

高橋　それはどういうトレーニングなんですか。

森　一つは瞑想にふけって殺気を感じるようなトレーニングだそうです。それは人間が本来もっていた機能だというわけです。何十万年前には、人間もいわゆる動物と同じように、殺気を感じるという本能をもっていた。それが今埋もれて使われなくなっちゃっている。特にＩＴなんかをやっていると、そういうものはどんどん失われてくる。要するに、脳幹の部分がしっかりしていないと予知能力は発揮できないということです。ですから彼は、脳幹を鍛えて予知能力を高めるために、自由に脳の働きをコントロールして、情報を全部シャットアウトできるのです。私はいろんな実験をやりましたが、瞑想に入って脳の働きをフワーッと抑えたり、逆に高めたり、自由にコントロールできる。それは訓練によって高めることができたと言っていました。ですから、脳幹というのはやる気とか動物的感覚を高めるという意味では非常に重要なのです。

高橋　大変興味深い話ですね。私の関心のある感性と非常に高く関わってくるところがあるんじゃないかと思います。私は東京、大阪、福岡の師範塾の塾長をしているんですが、その師範塾に居合道をやっている塾生がいまして、その人の師匠は、目をつぶって刀を振るときの音だけ聞いて、「今のは駄目」「今のはよし」と判断するそうです。それこそまさに勘ですね。勘というのは殺気ですね。

森　そう殺気ですね。それは脳幹がやっぱり鋭くないと無理だということなのです。

高橋　最近は、前頭前野の知性であるPQ（プリフロンタル・クォーティエント　Prefrontal Quotient）というものも注目されていますね。脳科学の急速な進展によって、脳幹の鍛え方とかPQを高める方法なども明確になっていけば、教育現場に与える影響はとても大きいんじゃないかと思うんです。

森　CIAも日本の仏教や禅に対してものすごく興味を示しています。要するに無心の状態、瞑想の状態になるためには、やはり人間が冷静にならないといけないわけです。それをコントロールするのが前頭前野だと思うんです。じっとしていられないというのは前頭前野の働きが悪いからです。ですから、瞑想に耽って無我の心境になるのは非常に難しいことですが、やはり無心になることも必要で、そういう体験や訓練によって感性を高めることもできるんじゃないかと思います。

私も疲れると京都に行くんです。銀閣寺や嵯峨野を歩いて、笹の音や川のせせらぎを聞く。そして、今の世界を離れて別の世界に入りこみ、雑念を払い無我の心境になって、自分を見つめる。そういうことが非常に好きなんです。去年、私が中国に行ったときにお会いした書の非常に上手な先生が日本に来られて、奈良と京都に行ったのですが、その先生が言っていました。「中国の唐の時代の文化が奈良や京都にはそのまま息づいている。中国は既にそういう文化が消え失せてしまった」と。僕も京都が好きだというのは、東京などでは失われてしまった古き時代への懐かしさのようなものを求めているところがあるのかなと。

そういう意味で、旅に出ていろいろな文化とか人と出会うということも私は大事だと思うのです。今の子供たちはチャットだ、ゲームだと夢中になってやっていますが、そうなると、旅のよさとか人との出会いというのはどんどん消え失せている。今の子供は家庭にこもってゲームをして、家族でどこかに行こうとしても、「いやだ、僕留守番してる」と。こういう状態だと本当に子供はよく育っていかないような気がします。ですから、やっぱり外に出て知らないものに触れあう、あるいは心の原点に出会うというのは非常に大切だと思います。

高橋　私も仏教教育学会の理事をしていて、鈴木大拙の「即非の論理」とか西田幾多郎の「絶対矛盾的自己同一」などは昔からの関心事でした。今は「ホリスティック教育」に関心をもっていて、例えば、教育改革論議においても、心か体か、指導か支援か、中央集権か地方分権かというように、対立的な二分法論理になっているわけです。そうではなくて、個人は家族に属し、家族は地域に属し、地域は国に属し……というふうに、全部ホロン構造になっている。そのように物事を包括的にとらえることが大切です。そしてそのホロン構造の典型が脳ではないかと思うんです。

◆脳科学教育学会を立ち上げよう

桑原　いい先生の条件とは子供をなめるほどかわいがることです。ですが、学校全体が協力し合ってホロン構造ができていなければ何をやってもだめだし、学問の成果を本当に生かさなければもうだめだと思います。

僕は子供を本当に大事にして、子供の不幸にどうしてもストップをかけたい。それが私の願いのすべてです。特に小学校は幸福の基礎づくりで、これほど重要な任を負う年代はありません。ここで間違った教育をしておいてあとで直すというのは無理です。とにかく小学校時代に、いい先生がいい教材を使っていい指導方法をやれば、いい子供たちが育つはずです。

　四季によっても大事な教育の課題があります。例えば、寒いときには寒さに対応する脳回路が作動し、暑いときには暑さに対応する脳回路が作動します。ですから、寒い季節には寒さを十分に味あわせることが必要です。我慢ができるうちは手袋はいらない。我慢ができなくなったら手袋をしなさいということです。特に今の子供は我慢するということが苦手です。我慢をすれば、前頭前野の、いわゆる「我慢中枢」に電気信号が走り、体の中からエネルギーが吹き出して、暖かくなってきます。ぬるま湯の中では子供の脳は発達しません。冬には竹馬、持久走、夏にはプール、また、日本人が大事にしてきた年中行事なども脳の発達にもよい、理にかなったものがたくさんあるわけで、それらを通しても、心身ともに健全な子供を育てていきたいと思っています。

高橋　文部科学省の「脳科学と教育」研究に関する検討会は平成十五年（二〇〇三）七月、「知性と感性が健やかに育まれることを支える新たな視点からの研究が必要である」として報告書をまとめ、これを受けて科学技術振興機構が三地域で五百から六百人の乳幼児の準備調査・予備的研究を進めており、平成十八年から五年間、十地域でゼロ歳児と五歳児各五千人規模の調査研究が行われるといいますし、厚生労働省も、とじこもりの病状を脳科学で研究する「小児型慢性疲労症候群の原因解明と治療開発」研究に着手し、「こころ」に関わる両省の研究プロジェクトは二十一にも及びます。脳科学の研究を取り入れることによって、例えば、何歳の子供にはどういう内容をどういう方法で教えるのがいいかということがはっきりすれば、今までのように「新しい学力」とか「生きる力」といった漠然とした言葉で語られてきたものが整理され、学力の基盤が確立されることにつながる。それを私たちは支えないといけないと思います。

桑原　これは必ずつながります。今まで日本の教育の中で優れた教育の実践が山ほどあるのです。僕たちが今やっていることは、ほとんどは日本の教師が百三十年の教育の中でやってきたことで、そういうものは文部科学省の倉庫には山ほど入っているはずです。ところが、そこに政治の要素が入ってきて、政治の力関係や都合で必要な部分を出したり引っ込めたりしているわけです。そういう考えでは教育は混乱するばかりです。左右のイデオロギー対立をなくさなければならない。今の若いお母さん方も教育の犠牲者です。要は今の五十代、六十代の教育関係者の責任です。教育関係者たちは間違った不幸を生み出してしまったことを本当に悔い改めて、ここでもう一度真剣に教育を組み直す必要があると思います。脳科学と教育というのは、日本の教育のすべての組み直しだと思います。

森　今の子供に必要なのは、大いに失敗をして、その失敗を打破する心を養っていくことだと思います。そうすれば必ず光が見えてくるし、プラスに傾くし、成功に導く。そういう気持ちをもってほしいということです。それから、真の感動を体験するということが大切です。テレビとかビデオじゃなくて、本を読んだり、外遊びやスポーツをして五感を十分に使ったり、知らない土地や文化に触れたりして、人間としての真の感動を大いに体験してほしい。僕はそれが非常に思うところですね。

高橋　わが国は教育審議会の答申が実行されたかを厳しく検証し、総括してきませんでした。私は政府の臨時教育審議会の専門委員でしたが、臨教審の出した答申がどれぐらい実行されたかも十分に検証されていない。外国の場合はキチッと検証して問題があれば責任が問われます。日本の場合はそれが非常に曖昧です。その点、脳科学教育の成果は検証可能ですので、私は「脳科学教育」は一川口市立東本郷小学校の実践ではなく、日本の教育を大きく変えていく大事なものだと思います。この鼎談は非常に意義深いものを感じます。ここからいかに実践を深め、理論を深め、全国に広げていくか。是非「感性・脳科学教育」研究会を積み重ねて研究・実践者のネットワークを確立して学会を設立したいものです。

＊現在、感性・脳科学教育研究会は活動を展開中です。

（二〇〇五年四月号）

（注3）**寝屋川小学校教師殺傷事件**

二〇〇五年二月十四日大阪府寝屋川市立中央小学校に、刃物を持った少年（当時十七歳）が侵入。持っていた包丁で教職員三人を切りつけ、教諭の鴨崎満明さんが背中を刺されて死亡した。少年は同校の卒業生で、卒業文集に『将来はゲームクリエイターになりたい』と書くほど、ゲームに熱中していた。

（注5）**長崎男児誘拐殺人事件**

二〇〇三年七月一日長崎市内の大型量販店で、種元駿君（当時四歳）が行方不明となり、翌日、四キロ離れた同市万才町の駐車場ビル脇で全裸遺体で発見された。容疑者として補導されたのは中学一年の少年（当時十二歳）だった。少年は、「お父さん、お母さんに会いに行こう」と言って駿君を連れ出し、商店街を連れ回した後、人気の無い立体駐車場で被害者を全裸にし、腹などに殴る蹴るの暴行を加えた。さらに、ハサミで性器を数箇所切り付け、逃走の邪魔になると言う理由で屋上から突き落とし殺害した。

（注6）**劇薬「タリウム」投与・高一女子生徒母親毒殺未遂事件**

二〇〇五年十月三十一日静岡県伊豆の国市で、高校一年（当時十六歳）の女子生徒が自宅などで母親の食事や飲み物などに劇薬タリウムを混ぜて摂取させ、毒殺しようとしていたとして殺人未遂容疑で逮捕された。女生徒は母親の衰弱していく様子をブログで公開。中学の卒業文集で好きな有名人に英国の連続毒殺魔グレアム・ヤングを挙げていた。

キレる脳、ひきこもる脳を鍛える
「セロトニン欠乏脳」という現代習慣病

●東邦大学医学部統合生理学教授 有田秀穂 ●明星大学教授 高橋史朗

◆心を安定させるセロトニン神経

高橋 子供たちによる凶悪事件が相次いで起きています。文部科学省は平成十六年（二〇〇四）に児童生徒の問題行動対策重点プログラムを発表し、佐世保で起きた小学校六年生による同級生殺害事件を取り上げ、再発防止のために「いのちを大事にする教育」を掲げました。しかし、いのちを大事にする教育は、神戸のA少年による児童連続殺傷事件以来十年間やってきたわけで、現実の事件を見る限り、ほとんど成果をもたらしていないと言わざるを得ません。一方マスコミは、凶悪事件が起きれば、「心の闇」という言い方をして子供の問題を漠然としか捉えない。私はもっと脳科学からのアプローチをしていく必要があると思うんです。子供の凶悪事件と脳との関連を有田先生はどう認識しておられますか？

有田 子供による凶悪事件は、比較的最近の傾向です。学校現場の先生方も、この十年二十年の間に子供の何かが変わってきていると感じておられるはずです。私は心と体の元気に関係する神経として脳の中のセロトニン神経を研究してきた人間ですが、研究すればするほど、現代生活がセロトニン神経を弱らせているという認識に行き着くのです。そして最悪の場合、凶悪な行動に歯止めがきかなくなる。子供による凶悪事件はまずそれを疑ってみる必要があります。

高橋　有田先生は、キレる子供やひきこもり、あるいは鬱と脳の関係についてセロトニン神経という脳内の神経伝達物質の研究から、盛んに警鐘を鳴らしておられます。まずは、そのセロトニン神経についてご説明願いますか。

有田　セロトニン神経は原始的な脳とされる脳幹の中にあります。脳幹は一人で自立して生きていくための脳と言えます。この脳幹の中心にあるのがセロトニン神経なんです。

これがどういう働きをするかというと、第一には覚醒の神経として働き、起きると大脳の働きを覚醒の状態にして、体と心の状態を元気にしてくれます。

次に、寝ているときは副交感神経が優位なのですが、起きると交感神経が優位に立ちます。この交感神経を適度に緊張させて心臓の働きを強め、血圧を少し上げ、代謝も上げ、呼吸も速めて、活動するのに適した状態をつくる。これが第二の働きです。

第三に、姿勢筋や抗重力筋に対する興奮作用を促します。筋肉を動かすには大脳からの指令が必要なんですが、眠くなると、口がだらっと開いてよだれが出たり、首が前に垂れて、立っていられなくなる。しかし、セロトニン神経がしっかりとしていると、筋肉を収縮させる力が強くなり、瞼はしっかりと上がり、きちんとした姿勢を保つことができます。姿勢が正しく、精悍な顔つきの人はセロトニン神経もしっかりしている人と言えます。

第四は、朝、お腹が痛いとか、頭が痛いとか言って調子が上がらない子供がいますね。これはセロトニン神経が活動してくれないことが背景にあるのです。不定愁訴的な痛みやだるさがなかなか取れない場合はセロトニン神経が弱っていることが疑えます。

最後に重要なのは心の問題で、心のバランスを取る働きがあります。お坊さんが言うところの平常心を保つわけです。心の問題を脳の中のセロトニン神経で説明してしまっていいのかという問題があると思うんですが、私は次のように考えているんです。

心で重要な要素は、快と不快です。快は一種の意欲で、「やる気」はドーパミン神経が担っています。ところが、ドーパミン神経が暴走すると、ゲームやギャンブルといった依存症になっていく危険性があります。一方の不快は「気分」と関係があり、ストレスが発生すると、即座にキャッチして適切に反応する。これを担うのがノルアドレナリン神経で、ストレスに対して逃げるあるいは立ち向かうといった適切な反応を出します。ところがこれが過剰に分泌すると、パニックや鬱などを起こしてしまいます。

ドーパミン神経もノルアドレナリン神経も生きていく上でなくてはならない神経ですが、暴走してしまうと人間にとって不都合なことになるのです。その二つの神経の暴走を抑え、程よくバランスを取って心を安定させる働きを担っているのがセロトニン神経なんです。

高橋　なるほど、現代人はセロトニン神経を弱らせているということが納得できますね。

◆キレる、ひきこもり、鬱は同根

高橋　平成十八年現在、小中学生の不登校は十三万人を超え、二十代、三十代の社会的ひきこもりは増え、さらにニートの数は八十数万人とも言われています。これらの根本には何かつながっているものがあるのではないでしょうか。

有田　セロトニン神経は覚醒の神経だと言いましたが、起きているときにセロトニン神経の活動は強まったり弱まったりします。強める要素は体を動かすことなんです。歩いたり、食べ物を咀嚼したり、腹式呼吸をやったりというリズム運動が普段から行われると、大脳の働きを良くし、抗重力筋や姿勢筋を良くし、神経の働きも良くし、痛みの調節もしてくれる。ところが、ストレスが加わってセロトニン神経が弱ったとき、あるいは弱った結果、ひきこもったりした場合、セロトニン神経がさらに弱まります。すると、鬱やパニックを引き起こす方向にシフトしてしまうんです。

高橋　不登校やひきこもりになる、そのこと自体がセロトニン神経をさらに弱らせるという悪循環に陥ってしまうわけですね。

さきほど、ここ十年二十年の間に子供たちが変わったと言われましたが、子供たちの何が変わったのかということと、親に問題はないのかどうかが気になるのです。一九九〇年代に入って児童虐待が急増していますが、わが子を愛せないという若い母親が増えてきています。それとセロトニン神経の関係はどうなのでしょうか。

有田　いま、二つ重要なことを言われました。一つは親の問題。もう一つは社会的背景で、八〇年代にゲームソフトができ、パソコンが普及しはじめます。机の前にじっと座ってキーボードを叩くという生活が出てきたのは、だいたい二十年前です。この二つが何をもたらしたかというと、じっと家の中に閉じこもって何時間もゲームに興じる子供と、それを是認する親です。私たちが子供のころは、家の中でじっとしていると、「子供は外で遊んでこい」と、追い出されたものです。しかし、いまの親にはそういう感覚がありません。大人にとっても魅力的なゲームが出てきたし、家の中にいても外部とつながれるインターネットの世界ができてしまったことが、実はキレる人間を生んだもう一つの要因だと思うんです。

高橋　八〇年代からＩＴ化が進み、ゲームソフトも次々と出てきました。ここ数年、森昭雄先生をはじめ、脳科学者がゲーム脳の危険性に警鐘を鳴らしておられますが、テレビやゲーム、インターネットをなくすことはおそらくできない。すると、いかにそれらと付き合うかを大人は十分に教えないといけないし、そういう環境をつくっていかねばならないと思いますね。

日本小児科医会が平成十五年（二〇〇三）から子

供とメディアの問題について議論を重ね、翌年二月に提言を出しています。その中に、「二歳までのテレビ・ビデオ視聴は控えましょう」とか、「授乳中、食事中のテレビ・ビデオの視聴はやめましょう」。さらに、「すべてのメディアへ接触する総合時間を制限することが重要で、一日二時間までを目安と考えます。テレビゲームは一日三十分を目安と考えます」「子供部屋にはテレビ、ビデオ、パソコンを置かないようにしましょう」と、このようなことを提言しています。

有田　ああ、それらは絶対に必要なことですね。テレビに子守をさせて、それが長時間に及んだ場合、子供への影響がさまざま出てきます。

子供が言葉を覚えたり、いろいろなことを学習していくときには、親との相互作用が不可欠です。子供の学習は真似から始まります。母親の声や仕草を真似、それに対する母親の表情を見て、コミュニケーションの取り方を学んでいきます。ところが、テレビは向こうからは絶対に反応を示さないので相互作用で学ぶことができない。

それから、怖いことを言いますと、テレビは二次元の世界で、私たちが生きている世界は三次元です。テレビの中でボールが飛んでくるのと、実際にボールが飛んでくるのとは違う。動体視力がまだ備わっていない赤ん坊に二次元のものだけを見せていると、三次元で起きる状況に対してきちんと反応できない子供になってしまいます。

◆コミュニケーションの原点は呼吸を感じること

高橋　有田先生は呼吸を専門にしておられますが、コミュニケーションと呼吸は関係があるんでしょうね。

有田　おっしゃるとおりで、私たちのコミュニケーションの世界は言葉だけではなくて、互いの呼吸が重要なんです。例えば子供はお母さんの呼吸を感じ、表情のちょっとした変化で、お母さんがいま何を感じているかを察知する。言葉ではない世界を理解する能力は呼吸を感じることによって培われるのです。

高橋　私は、人間の成長には感性や共感する能力が欠かせないと思っているんですが、「呼吸」はそのキーワードかもしれませんね。

有田　大脳の前頭前野には共感に関する脳の分野があり、相手がいま何を考えているか、何を意志しているかを目つきや顔のちょっとした仕草・表情で感じ取る。それを理解する能力を人間は持っていて、生後発達させてきているんです。だから、人間と人間がコミュニケーションをする、その最初期の部分を担うのは、実はお母さんなのです。母子間で呼吸を感じ、理解してコミュニケーションが取れるのかどうか、これはその後の発達に決定的に重要だと思います。

高橋　ところが人間関係の出発点である母子関係がどうもおかしくなっています。

有田　母親はわが子を抱いて皮膚と皮膚とで子供の状態を感じ、子供の呼吸を感じて、子供が何を欲しているかが分かるようになる。ところが、抱かないで、ミルクだけを飲ませるというようなことをしていたら決定的なものを失ってしまうわけです。これはセロトニン神経というよりも感性の世界だと思いますが。

要するに皮膚感覚や臭いや仕草、そして呼吸で親も感じ、赤ん坊も感じる。そこを無視した生活をしていると、子供の自我も育たないし、母親としての自覚も育たないわけです。

高橋　これも息が合うことによる一体感ですね。

有田　そう。それをみんな忘れているんです。

ところが、現代には相手と面と向かうことなく行えるコミュニケーションが至るところにあって、インターネットも携帯電話も相手の表情も呼吸も介在しないところでコミュニケーションを取る。言葉のコミュニケーションが一見取れているように見えるけれども、この状況がずっと続いていくと、私たちが持っている共感する能力、感性が育たないんです。

高橋　同級生を殺害した佐世保の少女も神戸のA少年も疑似家族による育て直しをしています。お父さん役やお母さん役の人と一対一の関係の中で心のぬくもりや心のつながりを再体験させるのですが、これも呼吸を感じるということなのでしょうね。

有田　まさにそう。板橋区の小学校の音楽の先生が「ドラムサークル」といって、授業の前の十分ないしは十五分を使って、子供たちが輪になってドラムを叩くという実践を行っておられます。この実践の素晴らしいのは、ドラムの上手な叩き方などは一切教えないで、「変な叩き方をしてけがをしないように」とだけ注意する。そして、音楽では先生を中心として扇型になって演奏するのが普通だと思いますが、ここでは子供たちが輪になるんです。つまり、子供にとっては友達全員が見えるわけです。

上手に叩くことはできなくても、人間誰でもドラムを叩くことはできるし、誰でもリズムを出すことができます。この学校では、一人の子供が自分のリズムでドラムを叩き、周りの子供がそれに合わせて一緒に叩くんです。そうして、今度は隣の子が叩く。その子はまたぜんぜん違うその子独自のリズムを出します。それをまたみんなが真似る。これを繰り返すだけなんです。

高橋　なるほど、呼吸を合わせるんですね。

有田　そう、呼吸を感じて合わせるんです。中にはアスペルガー症候群や多動症の子供もいます。多動症の子供はだいたいがとんでもない音とリズムを出します。だけれども、みんながそれを真似る。すると、いままで友達とうまくコミュニケーションが取れなかった多動症の子供が音を一緒に合わせることによって、呼吸が合う心地よさを感じるわけです。一方、自閉症の子供は、最初はドラムの音自体が耐えられず、音を出そうとしないのですが、それに対して先生は、「ああ、◎◎くんはこういう音を出すのね」と言う。それを一週間に一度ぐらいのペースで繰り返していくと、自然とその子は叩くようになるといいます。また呼吸の合う気持ちよさを感じて、その輪にとけ込んでいくというのです。

そうして医者が治すのではなく、薬が治すのではなく、子供が治してしまうんですよ。

高橋　素晴らしいですね。私は感性教育の基本は、

「分かち合う」「認め合う」「高め合う」という三つの要素が重要だと考えているのですが、この実践の場合、ドラムを叩いて、みんなで分かち合う。そして自閉症やアスペルガー症候群の子供が叩くのは人とは違っていても、それを認め合う。そうして、みんなで高め合うということができているんだろうと思います。

ある障害者の施設に「見たら！」という言葉しか言えない子供がいたんです。そのはみ出し発言を先生が取り入れ、歌詞の語尾に「〇〇〇してみたら」という言葉を入れて曲をつくったんです。みんなで合唱するときに、その子は最後の「みたら」の部分だけを「見たら！」といって、喜んで参加する。その子のはみ出し発言が全体の中で活かされ、そこに共感が生まれるんです。このように、大人の工夫しだいで、周りとかみ合わない子供がいても、分かち合ったり認め合ったりすることによってつながっていけるのだと思います。

有田　おみこしを担ぐでしょ。ワッショイ・ワッショイという単純なかけ声だけで、なんとなく仲間意識が育つ。声を感じて息を感じて、仲間として身近に感じられる。コミュニケーションとしてこれほど重要なことはないと思います。

高橋　ところが専門家から自閉症やアスペルガー症候群などと診断され、脳の一部に問題があると言われてしまうと、親や教師は自分たちの手ではどうしようもないと感じてしまうようなんです。

有田　それはたいへんな間違いで、しょうがないと諦めた瞬間におしまいなんです。ひきこもりの状態を仕方がないと親が受け容れた瞬間にその子は立ち直るきっかけを失ってしまう。「この子には良くなる可能性がある」と思って外に出すと、脳は変化していきます。脳には可塑性があるからです。

もちろん臨界期といわれる時期に、例えば言葉を覚える機会を失った子供は、後になって覚えようとしてもなかなか覚えられないというのも事実です。それでも、環境しだいで覚えることは可能です。英語をまったく学んだことのない人が、大人になって必要に迫られて勉強したらそこそこしゃべることができるようになる。人間の脳神経系は非常にフレキシブルにできていて、学習によっても、生活習慣によっても良くもなるし、悪くもなるんです。この発想が非常に重要だと思います。

◆「リズム運動」を「ひたすら」「五分以上」

高橋　有田先生は趣味のダイビングや坐禅からセロトニン神経の研究に入られたそうですね。

有田　ダイビングも坐禅も実は呼吸法です。リズム性運動としては呼吸は非常に重要です。私は、坐禅や読経など、リズム性の運動がセロトニン神経を活性化するということを研究してきたのですが、すでにお釈迦様は二千四百年以上も前に呼吸のリズムがいかに重要であるかを坐禅を通して教えてくれているわけです。また、坐禅から発生したヨガや気功法などの呼吸をベースにした健康法は現に役立っていますね。

　だからといって、子供に坐禅やヨガをやらせるのは無理がある。坐禅や読経をやらなくても、歌を歌うのもリズム運動ですし、赤ん坊のハイハイから始まって歩行になり、それが進んでジョギングやエクササイズウォーキングになる。自転車に乗るのも、水泳も、極端に言えば、外で走り回るのもセロトニン神経を活性化するんです。

高橋　ある意味で、当たり前の生活をすればいいわけですね。

有田　当たり前の生活ができなくなっている現代生活が問題なんです。そういう生活を親が容認してしまっているのが、また問題なんです。

　ひきこもりの人たちが施設に入れられて集団生活をする。朝早く起きて、ジョギングやウォーキングをやって、生活をしていく。やがて子供が心を開き、だんだん社会生活に戻ってこれる。それほど特別なことをしなくても、戻ってこれるんです。

高橋　家内の母は七十六歳ですが、どうしてこんなに元気なのかと思うぐらい溌剌としていましてね。母は散歩をするときにまっすぐ前を向いて実にリズミカルに歩くんです。私も毎朝歩いていますが、景色を楽しみながら歩いている。有田先生からリズミカルな運動という話を伺って、それが健康の秘訣なのかと思いましたね。

有田　エクササイズウォーキングをやっている人は、脇目もふらずに歩いていますでしょ。他の人から見ると、ちょっと奇異に見えるかもしれないけれど、それをやった後の本人の爽快感は格別で、セロトニン神経が活性化している証拠なんです。

もちろん、散歩の効果は、歩くことそのことと、太陽を浴びること。これはセロトニン神経にとてもいいんです。でも、脳の活性化だけを考えると、周りを見ない、決まったコースを歩く、ひたすら歩くというのがポイントです。

高橋　ひたすら、ですか。

有田　そう、ひたすらリズム運動を行う。それから、最低五分は続けることもポイントです。疲れてしまったら効果がなくなりますから、二十分から三十分ぐらいがいいでしょう。そして、極力それに集中できる状態を周りにつくることが望ましいのです。

例えば、坐禅は、目の前に壁を置き、目は半眼にして行います。目にも耳にも極力刺激のあるものを避ける状況をつくって三十分ぐらいは坐禅をします。これは脳科学で検証すると、非常に理にかなったやり方なんです。坐禅で行うのは腹式呼吸（丹田呼吸）です。呼吸に意識を集中させて、ゆっくりと息を吐ききり、吸うということを繰り返していると、五分を経過したあたりから脳波にα波が出てきます。さらに続けていくと、α波は頻回に出るようになり、持続時間も延びてきます。腹式呼吸を行ってまだ日の浅い人は二十分ぐらいでそれがピークに達して不安定になってきますから、このあたりで打ち切ったほうがいいのですが、ともかく、「頭がすっきりした」「雑念が取れて心が透明になった」という状態が得られます。

高橋　坐禅を通して得られる「無の境地」というのは、この延長線上にあるのでしょうね。

有田　そうだと思います。道元は、経典をいくら学んでも坐禅をしなければ自分が求めている世界と違うところに行ってしまうと、坐禅の重要性を説いています。坐禅は心のリラックスを導き、心身の元気を生み出します。この生理的メカニズムに、セロトニンという脳内の神経伝達物質の働きが深く関与していることが、二十年にわたる私の研究で明らかになったわけです。

私は坐禅から入って、坐禅の呼吸法に注目しました。次に読経、そして声明ないしは御詠歌についても研究したところ、これもセロトニン神経に非常にいいことが分かりました。いずれも「クールな覚醒状態」に導くわけです。これは、いわゆる「リラックスした安らぎ」とは違い、「爽快ですっきりした感覚」と言えるでしょう。

高橋　なるほど、それが心身の元気を生み出すのですね。

有田　坐禅の呼吸法も読経も声明も、そこに共通するのはリズム性の運動です。私はフラダンスの研究もやっているんですが、フラダンスも宗教儀式が始まりです。歌や踊り、あるいは太鼓を叩いたりすることはだいたい宗教儀式とつながっていますね。セロトニン神経の研究からすればそれらは全部つながっているんです。問題は先ほど申し上げたやり方だけなんです。五分から三十分まで、ひたすら歌い、ひたすら太鼓を叩く。リズム性の運動ならば、何でもいいんです。

高橋　「立腰《りつよう》教育」というものを行っている幼稚園や保育園がありますが、腰骨を立てて正座をし、漢詩を暗唱させています。

有田　セロトニン神経にいい実践です。暗唱や音読がいいのは、歌と同じリズムだからです。漢詩は意味が分からないでしょ。そこがポイントで、読経で南無阿弥陀仏や南無妙法蓮華経は知っておられると思いますが、そのほかは漢詩です。実は意味が分からない部分を読んでいるときほどセロトニン神経や大脳の働きはいい方向で働いているんです。意味が分かってしまうと、その内容に大脳が動いてしまい、言語の脳が働いてしまいますから。言語だとか理性に関係する脳を働かせないようにして、リズム性の運動を繰り返すことによってセロトニン神経が活性化されるわけです。昔は論語を素読していたでしょ。子供には意味はほとんど分からないけれど、ひたすら暗唱する。あの行為です。

しかし、大事なのは、継続しなければならないということです。セロトニン神経が弱ってしまった人がリズム性の運動をすることによっていい状態ができたとしてもせいぜい二時間程度です。ところが、毎日継続すると、セロトニン神経が構造的に変わり、セロトニン神経が常時いい状態を保ってくるようになるのです。そのためには、だいたい百日。約三カ月リズム性の運動を続ければ、前の状態に比べると、確実に脳にもいい状態が得られます。ところが、いい状態になったからもういいとやめてしまったら、元に戻ってしまいます。状態が良くなったから、もう薬を打ち切りましょうという具合にはならない。ずっと継続していくことが大事なんです。

高橋　有田先生は、子守歌を歌うときの脳波を測定しておられるそうですね。

有田　子守歌は自分の美声を聴かせるのではなく、子供に語りかけるように歌うでしょ。その場には母と子の共感が生まれます。このとき、母と子の前頭前野は確実に反応します。母親は歌うことで気持ちが安らぎ、セロトニン神経が活性化しています。どういう子守歌がいいかというと、よく知っていて暗唱できるような歌を静かに繰り返し歌う。これがセロトニン神経の活性化に重要です。

高橋　ところで、食生活についてはいかがですか。

有田　食については、現在では栄養という観点でしか捉えられていません。食物の中身に何の栄養素が入っているかだけの発想なんです。しかし、食べる行為には咀嚼が伴います。実は咀嚼は消化のためだけではなくて、脳にも重要な働きをするんです。

私たちの研究ではチューインガムを噛ませます。つまり栄養には関係ない。そして、噛む行為は大脳やセロトニン神経に効くという証拠を出しました。噛むと、大脳の前頭前野が確実に活性化され、セロトニン神経も活性化されます。

◆子育ての知恵は体験から得られたサイエンス

高橋　子供の変化を嘆く前に、学校や家庭でできることがまだまだありそうですね。

有田　遊びの中にリズムの運動を取り入れるのが一つ。縄跳びもそうですし、かけっこも、リズムの運動です。そこにサッカーボールがあれば、子供は夢中になってリズム運動ができる。こういうことをどんどんやらせればいいいんです。

高橋　外遊びがいいということですね。

有田　外で元気に遊ぶだけでセロトニン神経は活性化します。ゲームをやってはいけないというのではなくて、ゲームをしていても、ほかの時間に水泳をしたり、サッカーをしたりする生活をしていたら、セロトニン神経は悪くならない。ゲームをやるのなら、両方一所懸命にやりなさいと言えばいいのです。

高橋　体を動かすことの意義をもう一度見直すべきでしょうね。ところが、世の中は、どんどん体を動かさない方向に走っています。便利な世の中になりすぎたものです。子供を育てることは手間暇かける手作りの行為だと思うのですが、ここに効率や合理的な発想を持ち込むとおかしくなると思います。

有田　これだけ便利で豊かになったけれど、本人の幸せ感を調べると、ぜんぜん持っていないんですね。ところが、物質的には豊かではないけれど、昔の日本にあった親子関係や家族関係がある国に行くと、心の面での幸せ感を持てているんです。

高橋　母親に★(注4)タリウムを飲ませた十六歳の少女が公開していたブログで一つ気になった箇所があるんですがね。七月十二日に「価値」という題で、次のように書いているんです。

「今日は保育体験実習に行きました。この保育園で四歳児の世話をしました。彼らはとてもかわいいです。彼らは僕（僕と言っても少女ですが）を必要とし、求めています。僕に存在価値を見いだしてくれるのです。僕にも価値があったなんて、いままで受けた悲しみが少し慰められた気がします」

この日の記述だけが人間的で、後は非常にクールな文章を書いています。

メイヤ・ロフという人が『ケアの本質』という本で、「自分を必要としている存在に出会うことが自分が自由になることだ」と書いています。いまのお母さん方には、子供を育てることが自由時間を奪われることだという発想があるようです。

厚生労働省のアンケート調査で、「子育てを負担に思う」と答えたのが三回連続で八割を超え、平成十六年十二月の統計では九割近くになっています。その第一の理由は、自分の自由時間が奪われると。内閣府の世論調査でも子供を育てていると、自分がやりたいことができなくなると焦っているという回答が三分の二もあるんです。お母さんの中で、子育てと自分の幸せや自己実現とが別々の問題となっているんですね。

有田　ところが、子育てが自分の自己実現だと思っている人が少しずつ出てきています。東大卒の女性が社会に出てキャリアを積んだにもかかわらず子育てに専念する。周りはそんなもったいないと思うわけです。周りがどうであろうが、いまの自分に子育てが重要なんだという価値観を選び取れば、それほど満たされたものはない。一定時間が過ぎれば今度は子供のほうから離れていくんですから。その間、子供と一対一で付き合うことによって、本人も幸せになるし、子供もちゃんとした育ち方をする。「私は子育てをきちんとやって、社会復帰して、こんなに楽しく生活していますよ」という人がどんどん出てくると、みんなの発想が変わってくるだろうと思います。

高橋　日本にも世界にも子育ての知恵というものがありますが、もう少しそれらを振り返ってみる必要があると思うのですが。

有田　私はお釈迦さんのことを最高のサイエンティストだと思っているのですが、古くからの知恵はサイエンスの重要なテーマだと思うんです。私たちは機械を使って測定するのがサイエンスであって、それが再現性と検証をきちんと行ったものだから正確なんだと思い込んでいます。しかし、お釈迦さんのような人間の場合は、自分の体での体験を通してものごとの本質を会得するんです。自分の体で実験して、「こうすべきだ」という言葉が生まれた。その言葉、まさに人間の知恵が実はサイエンティフィックに検証してみると、たいへん理にかなっていた、正しかったということがたくさんあります。実は、子育ての知恵もそうなんですね。先輩が残した知恵を大事にすべきだと思います。

高橋　今日のお話はさまざま気付かされるところがありましたが、コミュニケーションと母親の関係は重要だと思いました。これはなかなか男親にできるものではありません。

有田　母子関係については、サルを使っての母子分離の実験があります。子供が生まれると同時に母子を分離して、血液のセロトニンの量を量る。生まれたばかりの赤ん坊は正常なセロトニンのレベルですが、母から引き離されるとセロトニンの量は下がっていきます。その子供が成長し子供を産み子育てをしたとき、子育てが粗雑になるんです。通常、サルの母親は子供を抱いて育てますが、生まれたときに母子分離をされたサルは子育てが下手という実験データがある。これをそのまま人間に当てはめるのは無理だとしても、母子分離は赤ん坊にとっては大きなストレスだということ、これが長く続くことによってセロトニン神経が弱ってしまうと子育てにも影響してくるというのは注目すべきでしょう。

高橋　これからの子育て、あるいは教育を考えていく上で、今日のような科学的見地からのアプローチがぜひ必要だと感じました。

有田　心の問題は、サイエンスの側からすると、人間がいないと研究にならないものです。サイエンスがこれまで発達してきたのは動物実験に重要な意味がありました。ところが、心の問題になると、サルを使ったとしても限界がある。やはり現場の方々、例えば私の場合だとお坊さんと一緒にやるとか、学校の先生との二人三脚が不可欠です。研究者も現場の方々も、考え方や発想を徹底的に変えなければな

らないと思います。研究室に閉じこもってやってい
ける研究分野ではなくなってきているんです。それ
を痛切に感じます。
（二〇〇六年一月号）

（注4）**愛知県豊川市夫婦殺傷事件**
二〇〇〇年五月一日愛知県豊川市の主婦・筒井喜代さん（当時六十五歳）が自宅で何者かに刺殺され、夫の弘さん（当時六十七歳）も負傷した。翌二日の夜、出頭してきたのは十七歳の高校三年生だった。殺害の動機について「人を殺す経験がしたかった」と話し、社会に衝撃を与えた。

●プロフィール
有田秀穂　ありた・ひでほ
東邦大学医学部統合生理学教授。一九四八年（昭和二十三）東京都生まれ。東京大学医学部卒業。東海大学医学部で呼吸の臨床にたずさわり、筑波大学基礎医学系で呼吸関係の研究を行う。その間ニューヨーク州立大学医学部に留学。その経験から「呼吸法が心身に与える効能は、脳内セロトニン神経の働きで説明可能である」という着想を得、研究チームを作り検証作業を推進している。著書に、『セロトニン欠乏脳』（ＮＨＫ出版）、『禅と脳』（玄侑宗久氏との共著・大和書房）などがある。

不登校は予防できる

●熊本大学医学部教授 三池輝久 ●明星大学教授 高橋史朗

◆不登校は慢性の時差ボケ状態

高橋　文部科学省の学校基本調査によると、不登校の小中学生は十二万四千五十五名（平成十五年度）にものぼり、これは平成十三年（二〇〇一）のピーク時に比べてやや少なくなったものの、やはり凄まじい人数です。

私は神奈川県の学校不適応（登校拒否）対策協議会の方々と共に不登校の問題を考えてきたのですが、いままで「長い目で見守れ、信じて待て、登校刺激を与えるな」といった不登校対応への定説に対して、もう少し親や教師が積極的に関わる必要があるのではないかという姿勢で、成就感や達成感、成功体験を与えながら、子供の内側からエネルギーを高めさせる対応の大事さを提言する親向けのハンドブックの制作に責任編集というかたちで関わってきました。

しかし、一方で、不登校の医学的な側面からの解明はいっこうに進んでこなかったわけです。それは不登校は本人の生き方の選択の問題であって病気ではないという考え方、あるいは不登校は単なる怠けだとの捉え方が強かったからではないかと思うのです。その点、三池先生は「不登校児は小児型慢性疲労症候群に罹っている」と主張され、臨床的な立場から不登校の改善に貢献されてこられました。

三池　私はもともと小児科医として筋ジストロフ

ィーを専門に研究していたのですが、昭和五十九年（一九八四）から小児発達学の担当になり、心身の不調を訴える子供たちと接するようになりました。当時すでに不登校もちらほら出ていて、昔からフロイトが好きだった私は、この子たちはどうして学校に行けなくなるのかと興味を抱いたんです。

不登校の子供たちは、最初に頭痛や腹痛、強い倦怠感などの不定愁訴を訴える割合がとても多いんです。それで、自律神経をみようということで四つの方面から、すなわち眼科的に自律神経をみるやり方、末梢の毛細血管の血流を測定するやり方、それから交感性皮膚反応といって、音の刺激が手のひらにつけた電極にどう反応するかをみるやり方、心拍間隔解析といって心電図を用いて心拍をみていくやり方で検査をしていくと、九五パーセント以上の不登校児に異常がみられた。交感神経と副交感神経のバランスが悪く、特にリラックスさせる働きをする副交感神経系の機能が落ちていることが分かったのです。

並行して、ホルモンの分泌をみていくと、生体リズムに異常がみられました。ところが、もうひとつ、不登校の子供と接していて、不思議に思うことがあって、将来をどう考えているのかとか、家でどんなことを考えているのかとか、ごく簡単な質問に、なかなか言葉が返ってこない。なんだか深く考えてしまう人たちだなという印象があったんですけど、それにしては反応が普通と違うと思い、「私が言っていることが分からないのかな？」と聞いてみたんです。すると、「分からない」と答えた。びっくりして「意味が分からないのか」と問い返すと「意味が分からない」と。これは脳機能をみなきゃ駄目だろうと思って調べてみると、脳の血流量の低下と夜間の深部体温に異常があることが分かったのです。

高橋　深部体温というのは？

三池　体の奥のほうの体温のことです。これを持続的に測ると、健康体なら睡眠時の体温がグーッと下がり、脳の温度も低くなって疲れを回復していくのですが、不登校の子は深部体温が睡眠中に下がらないんです。こうなるとエネルギー損失による身体への負担はたいへん大きく、慢性的な時差ボケ状態になってしまいます。

さらに詳しく調べると、睡眠の幅が狭く、レム睡眠の出方が非常に悪い、という二つのデータが出てきました。そのほか一般的検査にはあまり異常はなかったんです。つまり不登校は、深部体温のリズム異常と、ホルモンの分泌、睡眠と覚醒のリズムが時差ボケに似た状態になっていた。これが分かったのが昭和六十四年（一九八九）ぐらいです。

◆「断眠」が心身へ及ぼす影響

高橋　不登校というと「神経症的不登校」とか「無気力型不登校」とか「怠学傾向の不登校」等々に分類されますけれど、先生がお調べになったのは、どういうタイプの不登校なのでしょうか。

三池　とにかく学校に行けないという子供たち全部です。しかし、どの子からも同じような結果が出てきました。

高橋　どのタイプの不登校も病状としては一致していたというわけですか。

三池　典型的には、まず不定愁訴が出てきて、一日学校を休む。そうして一日また休むという具合で、不登校になっていくには段階があるんです。

高橋　先生が病状として捉えられたことと、一方で、学校の在り方に問題があるとして、子供たちが学校に行かないことが誇りだというフリースクールの主張と、この二つの考え方の差についてはどう思われますか？

三池　私が関わってきたケースには、学校に行かないことが誇りだという子供たちは一人もいません。学校とそりが合わなくてフリースクールに通う子供について、私は不登校だとは思わないし、特に関わりを持つ必要性もないわけです。

高橋　不登校についての考え方は、一九八〇年代に社会問題化して以来、揺れ動き、当初は単なる「怠学」とする見方が強く、その後、学校の管理主義が主な原因とされた時期がありました。平成四年（一九九二）に旧文部省の研究協力者会議がまとめた報告には、「不登校を強制すると事態を悪化させることもある」といった指摘もあります。「長い目で見守れ、信じて待て、登校刺激を与えるな」という対応はその反映とも言えるのですが、一方で、子供が学校に対する異議申し立てとして「登校拒否」しているのだ、という見方も根強くあります。

三池　確かに不登校の兆候を見せた子供は「学校に行きたくない」と口では言いますよ。問題は、なぜ行きたくないかということです。私の知るかぎり、そういう子供も、元気になれば学校に行くようになるんです。不登校の兆候を見せたときに彼らはたいがい「なんで勉強をしなければならないの」「勉強にどういう意味があるの」と言います。そして食欲が落ちたり、起きられなくなったりする。これは過労死をしてしまう人の言葉にそっくりです。私が『学校過労死』という本を書いたのは亡くなる人だけが過労死ではなく、仕事ができなくなることも含めて過労死だと思ったからです。ばりばり勉強ができていて、日常生活がきちんとできている人で学校に行かない人がいるならば、それは登校拒否であって不登校じゃない。私が扱っているのは、本音の部分では学校に行かないことがいいとは思っていないし、できることなら学校へ行きたいし、親にも心配させたくないし、いいパフォーマンスをして、親を喜ばせたいと思っている子供たちです。喜んでいる親を見るときに子供は安定できるんです。それができなくなって子供は荒れていくんですよ。

高橋　いま、教師のバーンアウト症候群（燃え尽き症候群）が問題になっていますが、その特徴は三通りあって、一つは、何もする気力がなくなったという意味での情緒的な消耗感や疲労感、二つ目は、このような消耗感から自分を守るために人との接触を制限したり突き放すような態度を取ったりする、三つ目は、すべきことを成し遂げたという気分が実感できず、あるいは実感できそうもないと予期することで、なおのこと達成感が得られないという傾向、に分けられます。これは非常に真面目で、一所懸命にやって、燃え尽きていくタイプが多いのですが、不登校の状態とバーンアウト症候群とは似ていますか?

三池　不安や緊張、それに過剰な頑張りという点で共通しています。例えば受験生はたいがい睡眠時間を三十分から二時間削る。頑張ってつぶれていく人たちの共通点は、睡眠の質が悪くなってるんです。クラブ活動を一所懸命やっていた子がバーンアウト症候群になるケースはこの典型例です。土曜日曜も含めて朝から晩まで、しかも小学校の高学年から中学校の伸び盛りの時期にオーバートレーニングをさせて身体に過剰な負荷をかけてしまう。親やクラブの先生が過剰な期待を寄せると、子供は頑張ってしまい、心身共につぶれていく。これも大きな問題です。

高橋　子供が変化した要因として、環境ホルモンとか、テレビの影響とかいろいろと言われますが、最近の調査でも夜の十二時以降に就寝する中学二年生は五三パーセント、中学三年生は六四パーセントに及んでいることが分かり、「睡眠障害」が軽視できない広がりを見せていますね。

三池　そうなんです。ついこの前まで日本人は睡眠時間を十分に取っていたんですよ。一九六〇年のデータでは成人の冬の平均睡眠時間は八時間四十分と出ています。ところがいま、三歳児が夜の十一時以降に寝る割合は五〇パーセント、これは異常です。高校生が十二時以降に寝るのは六十数パーセントで、アメリカと中国は高校生が十二時以降に寝る割合は一〇パーセント強。それだけ日本の子供たちの睡眠時間が後ろへずれているんです。その分起きる時間を遅くすれば問題はないのですが、学校や社会生活が始まる時間は変わらないので、起きなければならない。つまり、睡眠を中断して起きる。それは「断眠」と呼ばれているんですが、中途半端に睡眠を終わらせるとすごく悪影響があるんです。

断眠をすると、認知力は落ちてくるし、疲れた身体を社会的生活に適応させようとするとストレスを生じる。だからバーンアウトになるのだと思います。社会全体がこのような状況でサマータイムを導入すると多くの日本人が睡眠不足になると言われていますが、それだけ朝一時間の眠りは大きいわけです。

◆生体リズムの混乱が体内時計を破壊

高橋　睡眠と疲労、そして不登校の関係について詳しくお話しいただけますか？

三池　ほとんどの方が意識していないと思いますが、人間には体内時計というものがあって、その働きによって生体リズムが二十四時間周期で刻まれています。人類の長い歴史からいえばちょっと前までは、人々は日が昇って明るくなったら起きて活動し、日が沈んで暗くなったら活動を休むという具合に、体内時計は太陽の光によって調節されていたわけです。

ところが現代は、電気の普及に伴って、夕方以降にも人々は強い光にさらされて睡眠時間を後退させ、さらに強い刺激やストレスによって生体リズムが異常をきたし、時計機構が混乱状態になっています。そこへもってきて、社会生活はきっちりと営まなければ脱落してしまいますから、必死に社会生活に身体を合わせようとして、現代人は自らの時計機構をさらに破壊するという方向で動いているかのようです。この修復できない体内時計の混乱が慢性疲労症候群の正体で、これと極めて似た症状が不登校の子供に起こっていることを発見したのです。

高橋　ただ、不登校になる子供の場合、いじめを中心とした人間関係のトラブルなどがその引き金になることが多いですよね。

三池　そういう場合、周囲の大人たちは原因であるはずのいじめを解決しようと努力しますが、加害者の子供が謝ったり、引っ越ししたりして原因がなくなっても学校に戻らない子供が多いんです。つまり、直接のきっかけがなんであろうが、不登校状態のほとんどの子供には、奇妙なだるさや意欲の低下、それに学習・記銘機能の低下（勉強が頭に入らない）という状態があるからなんです。

高橋　そこにはどういうメカニズムが働いているのですか？

三池　いじめを例に取ると、いじめられた子供というのは、寂しくて、辛くて、不安で、自分は生きていく価値がないのではないかというぐらい悩みます。まさに、いじめというのは自分の存在が否定されるくらい辛い経験です。この不安や緊張の持続が生命維持装置である大脳辺縁系を疲れさせ、自律神経機能を損ない、体温調節やホルモン分泌に影響を及ぼして質の良い眠りが取れなくなり、結果的に慢性的な時差ボケ状態を引き起こすのです。この状態が固定してしまうと、大脳皮質が働かなくなり、それに伴って勉強が頭に入らなくなり、学校に行けなくなるわけです。

高橋　問題は不安と緊張の持続ですか?

三池　そうです。不安や緊張の持続をもたらすすべての状況が不登校の原因となります。そこには、両親の不仲とか、家族のだれかが重病に罹ったり、友だちや先生とのトラブルとか、キャプテンになるなど責任の重圧が重くかかるとか、命の危険を感じるくらいの事故に巻き込まれるといったものが含まれます。

高橋　そうした状況にあるときに、親や教師をはじめとする大人の対応が大事ですね。

三池　問題を感じるのは、「それは怠けではないか」と簡単に切り捨ててしまう医療従事者を含む大人たちの対応です。そう決めつける前に、何かが体の中で起こっていないか、考えてあげなければならない。慢性疲労症候群という重度の病気になる過程の症状であるかもしれないのに、怠けと切り捨てるのは医学者としては大きな問題だと思います。

高橋　それは子供をどう見るかということですね。「怠け」の奥にある子供の身体や心の問題をもっと見なくてはいけない。

三池　こういうときの子供は自分の状態が自分でつかめないという自己矛盾状態にあります。これが非常に難しいところで、不登校の子供たちの多くが、何が原因で学校に行けないのか、本人自身に理解や納得ができないという側面を持っているんです。

高橋　前の晩には「明日は行こう」と思うんだけど、翌朝起きたらやっぱり体の不調が出てしまう。それが不安となって行けない。そういう状態が続いてしまう。私も三十代の若いころ、不登校児に「頑張れ」と言って励ましたら、「先生、頑張れという言葉ほど辛い言葉はないんです。頑張りようがないんです。『頑張れ』じゃなく、頑張れる元気を、勇気を与えてください」と言いながら、涙をぽろぽろ流された苦い体験があります。

三池　それは不安も含めて、体温の調節、ホルモン分泌などの、活動するための準備が整っていないからです。

例えば十一時半ぐらいまでに寝ると、学校が始まる時間に間に合うように起きることができますが、夜中の一時や二時に寝ると、睡眠を切らなければならないので、だんだん補充する眠りに入ってきます。この時計のズレが固定化してしまうと、生活リズムを作っていたホルモンの機構が平坦化してしまい、浅く永い眠りにどんどん落ち込んでしまうんです。この状態が不登校です。これを治すのが大変で、へたをすると、ひきこもりになってしまう。不登校やひきこもりは時計機構そのものがおかしくなっているんです。

疲労症候群になると、記銘力（記憶する力）が落ち、勉強もできなくなってしまいます。それを、周りからやいのやいの言われるからといって無理をしてしまうと治療に非常に時間がかかるんです。それを繰り返すとどこかで自分の身体に危機的な状況が起きるのではないかと、おそらく自己防衛として行動を止めている。だから寝ているときに起こされても、まったく起きなくなります。

◆睡眠障害がＡＤＨＤの原因に

高橋　すると、医学的な対応というのは？

三池　そこが難しいところで、薬を投与するということ、多くの人が嫌がりますが、薬の中にも安全なものもあるわけで、例えば、頭痛や腹痛を感じたり、気分が優れなかったり、微熱が続くけれどもなんとか学校に行っているという状態のときにメラトニンという物質だけでうまくいくことがあります。

高橋　メラトニンとはどういうものですか？

三池　睡眠時間を知らせる松果体ホルモンで、人間の脳の中に存在するもので副作用も依存性もありません。生後三、四カ月の赤ん坊のときに出始め、一歳から三歳が分泌量のピークで、夜と昼のリズムを修正する働きをします。一歳になると、昼に一回午睡を十分取ると、夜はまとまって眠るようになりますが、いわば、生活のメリハリをつくる時計のホルモンです。アメリカでは健康食品となっているぐらい安全性の高いものなんです。

高橋　睡眠薬とはまったく違う？

三池　違います。いまが寝る時間だよと指令を出す、つまり、寝る時間を早くするだけ。だから寝ようと思わないと眠れないが、寝ようと思うとぐっすり眠れる。その手助けをする薬で、二週間ぐらいで生体リズムができていけば、継続して服用する必要はありません。

高橋　生活リズムを整えていくことはとても大事ですからね。しかしいま、社会全体が夜更かしの傾向にあって、幼児の生活リズムなどが狂い始めています。夜間保育の急増で幼い子が睡眠不足になってしまっています。それで、朝来園すると、すぐにお昼寝と言うか、朝寝と言うべきでしょうかね、布団を敷いて休ませる保育園もあるというんです。

三池　三歳とか四歳の夜間保育を受けている子供は眠りの質が悪くなっています。すると、脳機能への影響が少なからずあって、幼年期だと脳機能の発達の遅れ、言葉の発達の遅れやコミュニケーション能力の遅れに表れ、少年期だと、学力不振、無気力や不安につながっていく。成人になると社会生活に適応できなくなり、社会的ひきこもりにつながっていく割合が高くなるんです。

高橋　それは恐ろしい問題ですね。

三池　乳児期に一日に三回以上も目が覚めてしまうというような重度の睡眠障害になると、五年後にＡＤＨＤ（注意欠陥多動性障害）と診断される割合が四分の一に上るという報告があります。

高橋　睡眠障害がＡＤＨＤの原因になっているとい

う指摘は重大ですね。生後の環境的要因にもっと目を向ける必要がありますね。私も、現在の保育政策の傾向に問題を感じているのですが、子供の利益を最優先して考えられなければいけない保育政策が、親の都合に合わせたものに偏り、そのしわよせが子供にきてしまっている。これは深刻です。乳幼児期からの発育史の結果が今日の子供の問題となって表れているという視点を見失ってはいけませんね。

三池　いま、小児科医の仲間と共に早寝早起き運動をしようとしているんですけど、社会全体が遅くまで起きているほうへシフトしている中で、子供だけ早く寝なさいと言っても難しいんですね。だけどなんとか一時間早く寝るようにできないものかと思っています。それだけで心身の状態が違ってくるんです。

高橋　それは子供の成長のために親と地域社会がこぞってやらないといけないですね。

三池　最近の傾向として、子供さんの睡眠障害で疲労困憊してしまったといって相談に見えるお母さんが多いんですよ。起こされて、眠れなくて、鬱になってくるわけです。データを取ると、交感神経機能が落ち込んでしまっている。つまりがんばる神経まで落ち込んでしまっている。がんばる神経で一所懸命頑張って副交感神経を抑えている。これは不登校の典型的な特徴なんです。彼らはリラックスできないんです。だからエネルギーの消費量が激しくなるという悪循環です。

高橋　その症状をやわらげるために医学的な対応はどういったものがあるんですか?

三池　ここに、「小児型慢性疲労症候群としての不登校重症度評価法制定」(パフォーマンス・ステイタス＝ＰＳ)があります(表参照)。

これは慢性疲労症候群の診断基準がアメリカで作られて、日本では平成三年(一九九一)に旧厚生省で作られましたが、私たちは不登校をみてきて慢性疲労症候群に極めて近い状態にあることを発見したのです。そこで、小児型慢性疲労症候群研究を厚生労働省の補助の元で行い、不登校の状態を、まった

小児慢性疲労症候群としての不登校重傷度評価法制定（PS）

0	通常の学校生活ができ、制限を受けることなく行動できる。
1	通常の学校生活ができ、授業も頭に入るがしばしば疲れを感じる。
2	通常の学校生活ができ、授業も頭に入るが心身不調のため、しばしば休養が必要。
3	心身不調、あるいは何となく月に数日は登校できず、自宅にて休養が必要である。
4	心身不調、あるいは何となく、週に2日以上は登校できず、自宅にて休養が必要である。
5	まったく登校できず、集中力低下や記銘力低下が見られるが、外出は可能である。
6	まったく登校できず、集中力低下や記銘力低下が見られ、外出もできない。
7	まったく登校できず、集中力低下や記銘力低下が見られ、身の回りのことはできるが、日中の50%以上は就寝している。
8	身の回りのこともできず、終日就床を必要とする。

PS2では小児慢性疲労症候群を疑い、PS3の状態は発病と診断し、メラトニンなどを処方。その後、原因となる緊張や不安のもとについてカウンセリングや子どもたちとの十分なコミュニケーションを図るなどのケアが重要。

（パンフレット「不登校～長期化予防のために」より）

く問題のない0から8の段階に設定し、段階に応じた予防法ならびに治療法を作成しました。

1は、学校に行けて勉強もできているけれど、疲れを感じるときがある。2は、学校生活も勉強もできるけれども、疲れを癒すためにときどき休まなければいけない。その中に頭痛、腹痛、気分の悪さ、微熱、保健室訪問、帰宅と同時に寝てしまう、とあります。特に微熱や帰宅と同時に寝てしまうことは要注意です。体がだるいと言って保健室に行くと、熱がないからと教室に返されますね。こういうときにはしっかりと睡眠を取らせる必要があります。

この1から8までの段階を大きく分けると、前駆期、発病期、極期、混乱期と四つに分けられますが、混乱期に入ってしまうと、一般に言う不登校状態になり、やがてひきこもりになってしまう可能性が高くなってきますので、前駆期を見逃さずに休養を十分とらせてあげることが本当に大事なんです。

高橋　学校や家庭での対応として具体的にどんなことがありますか。

三池　保健室に来た子には二週間の睡眠カレンダーをつけさせて、どういう生活をしているか、何時間休めたかを調べていただきたい。小児性慢性疲労症候群の兆候が表れていたら、一時間早く寝るように指導するとか、とにかく休ませる。また、家庭では、帰ったときにすぐに寝るような状態が出てきたら、睡眠の状態に問題はないか、何か心配なことはないか、それを気をつけてあげてほしい。

高橋　この表を使えば、身体のヘルスケアと同じように、メンタル方面もチェックできていいですね。これでかなりの不登校が救われるのではないでしょうか。

三池　これをしっかり整備しようと思っています。例えば小学生と高校生では心身の状態が違いますから、年齢に応じてもっと詳細な項目が必要です。

◆光が生体リズムのずれを補正する

高橋　しかし、子供のみならず親も教師もみんな疲れていて、「多忙感」を訴えています。

三池　実は日本人で日常的に疲れを感じるという人が六十数パーセントいます。そして三十数パーセントの人が半年以上疲れていると答えています。そのうちの半分の一八パーセントが精神作業に支障をきたすぐらいの疲労感を抱えている。そして一から一・八パーセントぐらいが実際に休んでいる方、これが慢性疲労です。

子供が不調を訴えるのは、たいがい月曜日です。土日になるとホッとして夜更かしをしてしまい、睡眠をずらせてしまうからです。それで月曜日にしわ寄せがきてしまうんですが、そうならないために、日曜日はできるだけ早く寝てほしいものです。

高橋　日本人は長期休暇があっても、海外旅行をして観光地をめまぐるしく回って疲れ果てて帰ってきます。アメリカ人は日光浴をしながら何日も読書ばかりしている。バカンスの仕方が対照的ですね。だから、夏休みが終わるとリフレッシュできるわけですが、日本では、夏休みが終わると子供も疲れていて、学校に適応できない。土曜・日曜の疲れや長期休暇の疲れが休み明けに持ち越されるという現象が生じているわけです。ところで、発達障害と睡眠障害との関係は？

三池　かなりあるでしょう。自閉症を調べていくと、乳幼児期に睡眠障害を発症している人がいるんですよ。

高橋　発達障害の原因や背景については、先天的要因なのか後天的要因なのかという議論がありますね。

三池　後天的要素は絶対ありますよ。どんな子もいい環境を整えてあげれば落ち着いて、社会復帰していく。マリアン・クリーヴス・ダイアモンドという学者が「環境が脳をつくる」と言ってますよね。

高橋　森昭雄先生は遺伝的要因が六〇パーセント、環境的要因が四〇パーセントとおっしゃっています。

三池　遺伝的背景は確かにあると思いますが、それは環境によって誘発されることが多いと思います。オルニチン・トランス・カルパミラーゼ欠損症という病気があります。この中の一型は昔の日本では発症しにくかった病気なんですが、日本人が肉を食べるようになってから増えだした。これは完璧に環境要因です。ですから、環境要因はかなり大きいですが、それが何パーセントくらいというのは分かりませんね。

高橋　先天的な要因はあっても、環境的な要素によってそれが症状として出るか出ないかが左右されるわけですね。ところが、環境的要因というと反発するのが親です。親の責任で子供がこうなったんだと自分を責められるような気持ちを抱くわけです。

三池　親を責めるのは難しいでしょう。逆に言うと、先天的要因などというのも私はやめたいんです。だれを責めても仕方がない。周りの大人が、子供たちの状態をきちんと見ること、これが大事です。

高橋　社会全体がもっと力を抜いて、本当のゆとりを回復する必要がありますね。

三池　問題なのは、体内時計と社会時計の葛藤です。人間にとっては社会時計のほうが強制力がありますから、自分の時計を無視して社会時計に合わせなければならなくなる。すると、不眠、断眠が起こってきますから、脳神経細胞に負担が生じ、いらつくんですよ。きっちりとしたいい睡眠をとらせてあげれば子供はいらつきません。

高橋　そうすると、中高生だけじゃなくて二十代三十代のひきこもり、ニートの問題も、この視点から探っていくと、違った解決策が見えてくるかもしれません。これらの問題の根っこには共通の問題がありますね。

三池　絶対、関係があります。文部科学省が高校生の不登校の調査をやると言っていますが、高校生は熊本で毎年約千八百人が中退し、そのほか不登校がかなりいます。これは全体の高校生の五パーセントを超える。大学生は退学・休学合わせて約四パーセントで、留年が七～八パーセント。留年の学生たちを調べてみると、睡眠障害が多く認められます。

ある大学で長年進級できない学生がいたのです。彼に会ってみたら、精神的な問題はないんです。生活時間がずれているだけ。それで、大学病院に入院させて光治療を行うと、だんだん元気が出てきて試験に通って進級できました。生活時間がずれると、ものを覚える力が衰えますから、彼はずっと試験に受からなかったんですね。「君はすぐ時間がずれるから、危ないと思ったらすぐ来なさい」といって、ときどき電話をしているんですけど、いまは立派にやっています。

高橋　このときも、メラトニンなどの薬物投与も並行して行ったのですか?

三池　実は光のみです。朝の六時くらいに、五千ルクスの光を人工的に当ててるんです。生体リズムのずれは光によって補正できるんです。最初は辛いようですが、だんだんと睡眠も深くできるようになり、深部体温も睡眠時に下がってきます。深部体温が下がり出すと、元気になってくるんです。

　ところが重症になると、睡眠時にも深部体温が動かなくなります。寝る時間は十分取れているのに体のだるさがとれないという人はここに問題がありますね。こういう場合は、時計遺伝子に刺激を与えてやらなければならないのですが、まだ有効な治療法が見つかっていないんです。また、拒食症と呼ばれる子供たちも同様の脳機能の問題を抱えています。こういう子供たちは認知力が悪い。他人が見ると、すごく痩せているのに、自分は太っていると思いこんでいる。どんなに説得しようがだめで、命を落としかねません。そうなる前に手を打たないと……。

高橋　脳が異常をきたしているということですか?

三池　脳が働いていないから、統合認知しない。あなたはこんなに痩せているのだから、このままでは将来は勉強ができなくなるし、子供を産めない体になってしまうよと、いくら言っても、理解できない。もともとは頭のいい人たちであることが多いのですから、反発しているのではなく、意味が分からないわけです。だから、命を落とすこともある。

◆子供の元気をどう確保するか

高橋　しかし、いまの日本の状況を考えると、どんな子供にも小児型慢性疲労症候群は起こりうることですね。

三池　子供たちの手を握ると、冷たかったり、温かくても汗ばんでいたりします。これは低体温と呼ばれますが、実は脳の温度は高いのです。こういう状態の子供が増えてきています。

なぜそうなるかというと、交感神経の緊張時間が長すぎるんです。夜型生活に加えて、競争社会でもあるし、遅くまで起きて副交感神経を抑え込んでいるから、緊張状態が続いて慢性疲労状態になる。そこに大事な人が亡くなったり、親友が事故に遭ったり、部活動のキャプテンになったりといった精神的負荷が加わったときに、不調が起きるわけです。

だから、社会全体がもう少し子供たちを大事にするような時計の設定をすべきです。いまの子供は遊ぶ時間が少ない。学校が終わったら塾が待っているし、部活で土曜日曜の休みもない。そういう教育システムのあり方というものを考え直さなければいけない。

ところが、不登校の子供たちに、「どこかで頑張りすぎているんじゃないの」と聞くと、「頑張っていない」と答えます。そしてストレスもないと言います。しかし計数化してみると、あきらかに平均値よりもストレスの度合いが高い。ある閾値を超えると、問題が起きるんです。いまは、アメリカでもオーストラリアでも、世界の多くの国で起こりつつある。だけど違う不登校もあるとどうやら彼らは思うらしく、アメリカではフリースクールや家庭学習に力を入れたりしています。

高橋　アメリカの不登校に対する考え方は日本とずいぶん違っていて、イチローのいるシアトルでは、子供が不登校になると、親に二十五ドルの罰金を払わせるとか親にボランティア活動に参加させるとかが義務づけられていたり、カリフォルニア州では、さらに細かく親の責任を法的に規定していますね。

三池　アメリカにデービッド・ベルという慢性疲労症候群の分野で貢献している学者がいるのですが、今年（二〇〇四年）二月に国際会議に出てもらったとき、「アメリカの子供たちは君のいう小児型慢性疲労症候群に確かに罹っている。しかしアメリカではそれを認めようとしない」と言って嘆いていましたね。

高橋　近代以降の学校教育をみていくと、システムそのものが工場をモデルに作られ、経済成長のための予備軍の人材養成といった側面があったわけです。不登校の出現は、それに対する異議申し立ての要素があるのではないかと私は常々思ってきたのですが、何のための学校なのか、何のための勉強なのか、を考えると、いまでも立身出世のための手段として残っている。それを転じて、一人ひとりが持っている内在価値を高め、自己実現を支援する学校制度へ転換していかなければならないと思っています。

今日のお話を聞いて感じたのは、親を責めるのではなく、教師を責めるのではなく、みんなが元気を失っている時代だから、どうすれば大人も子供も元気になれるのかに知恵を絞り、具体的方策を講じることが大事だと思いますし、教育の現場でもメンタルヘルスということが最近言われるようになりましたが、今日のお話は養護教諭や一般の先生方にもぜひとも理解していただきたいものです。食育について理解が深まってきましたが、それ以上にこの問題は共通理解が必要であると感じました。

三池　学校教育システムにも問題はあるけれども、子供たちをそこまで破壊するものではないんです。だからまずはメンタルケアをしっかりやる。それにはカウンセラーも必要ですし、医学的な治療や実際に学校への復帰時の手順をプログラム化していくことも大事です。それらを整えることでずいぶん違ってくると思います。

高橋　三池先生はモデル案のようなものは作っておられるんですか？

三池　私は今後、学校と提携して子供たちのメンタルヘルスをケアする相談業務を行いたいと思っています。疲労の段階に応じた対応や治療を行おうとすれば学校対応で行ったほうが効果が高いのです。といいますのは、治療だけを行うのは病院でもできますが、しかし不登校を社会的な生活に戻していくには三つの要素が不可欠だと思っています。

一つは遅れた分の学力の補填、二つ目は生活リズムの調整、三つ目は友人の中に入っていって、コミュニケーションがとれること。三番目がいちばん難しくて、一度休んでしまうと、皆が自分をどう見ているかなどと思い悩み、人間関係に過剰な緊張状態を生みます。しかし、これをクリアし、同級生数人とコミュニケーションをとれるようになると、子供たちは本音で生きていっていいんだと悟り、スムーズに学校に戻ることができます。ところが、高校生や大学生になるとこれも難しくなり、他の対応が必要になってきます。ですから、高校生になる前の早いうちにしっかりとした対応を行っておくことが子供の人生にとっても、社会にとっても、非常に大事なわけです。

（二〇〇五年八月号）

●プロフィール

三池輝久　みいけ・てるひさ

熊本大学医学部小児発達学講座教授。一九四二年（昭和十七）熊本県生まれ。六八年熊本大学医学部を卒業。米国ウェストヴァージニア州立大学留学などを経て、八四年より現職。専門は小児神経・筋疾患、小児発達障害、小児精神神経疾患。不登校状態の子どもの身体について、精力的に研究・治療を進め、発表を続けている。著書に、『学校過労死』『フクロウ症候群を克服する』『学校を捨ててみよう』などがある。

閉めたはず

不登校や学習障害の問題を考える

◆一九六〇年代から浮上した不登校

平成十七年（二〇〇五）八月十日に公表された文部科学省の学校基本調査によると、不登校の小中学生の割合は、この三年間でわずかに減少しています。

中央教育審議会の義務教育特別部会では、「百ます計算」で有名となった陰山英男氏が意見を述べ、休ませないことで不登校を激減させた知人の校長の体験談を示して、不登校の兆候を示したときの学校の早期対応の重要性を指摘したことは画期的なことでした。

一九六〇年代から浮上してきた、子供が学校へ行かないという現象について、わが国では、その認識や対応についての考え方が大きく揺れ動いてきました。この不登校をまず、アメリカの教育学者たちはどう捉えたのでしょうか。

ジョンソン・A・Mらは、子供の情緒障害の一形態に大きな不安があって学校を欠席する臨床群があることを指摘して、これを「学校恐怖症（school-phobia）」と名付けました。その後、クレイン・Eらによって精神分析学的立場からの見直しによって、「学校嫌い（reluctance to go to school）」と改称し、さらに、ウォレン・Wは非行退学群の中から神経症的な登校拒否群を取り出し、「登校拒否（refusal to go to school）」と呼んでいます。

わが国においては、一九六〇年前半には「学校恐怖症」、七〇年代には「神経症的登校拒否」「登校拒否症」という呼称が使われ、八〇年代になってから現在の「不登校」という言葉が使われはじめました。しかし内実はいじめによる「登校拒否」も増大しています。

当初、不登校の原因は、子供自身の単なる「怠学」とする見方が強かったのですが、その後、学校の管理主義が主な原因とみなされるようになりました。

九〇年代に入ると、児童生徒数に対する長期欠席者の割合は、小学校で〇・一パーセント台、中学校一パーセント台となり、社会的関心事となりました。それに対して九二年に旧文部省の学校不適応対策調査研究協力者会議がまとめた報告が「登校拒否はどの子にも起こり得る」と指摘したことが大きな反響を呼びました。

ここで、「登校を刺激すると、事態を悪化させることもある」などと指摘したことが学校現場などで誤って受けとめられ、それが「登校を促す、見守る」という消極的な姿勢を生み、対応の遅れを招いたのです。ようやく最近になって、「状況に応じた早期の適切な対応が必要」との認識が広がり、教員による働きかけも活発になってきましたが、不登校の子供が減少した背景には、そうした不登校についての考え方の変化があると考えられます。その不登校観の変化を見ていくと、ちょうど、子供の自主性を過度に重視した、行きすぎた「ゆとり教育」が「勉強しなくともいい」という風潮を招来し、その後、見直された経緯とも通じるところがあります。不登校は一人ひとり事情が異なり、特定の考え方を一律に当てはめるのではなく、タイプ別の対応、一人ひとりに合わせた個別の対応が求められると思うのです。

◆アメリカの失敗に学ばない日本

戦後のわが国に学習指導に加えて生徒指導と教育相談をガイダンスとして文部省に受け入れさせたのは、アメリカ占領軍民間情報教育局です。彼らの多くはジョン・デューイの児童中心主義の進歩主義教育の影響を強く受けていました。彼らはアメリカでは実行困難なデューイ教育法を、日本の子供たちをモルモットにして実験しようという意欲に燃えていました。この実験は民主主義教育の名のもとに強力に推し進められたのです。

わが国の戦後の教育相談に決定的な影響を与えたロジャースの心理療法は、この民主主義教育の風潮に乗って、またたく間に広がり、全国を席巻しました。ロジャースはデューイの弟子キルパトリックの進歩主義教育の影響を強く受け、教育を植物の栽培のように「植物生長モデル」で捉え、クライエントの問題を権威的に解釈してやるよりも、温かく見守りながら育てて成長を待つ「非指示的方法」を提唱したのです。

このノン・ディレクティブ・メソッドという言葉はカウンセラーの間では「ノンディレ」と呼ばれるようになり、これが一般にも広がり通俗化して、「長い目で見守れ。信じて待て。登校刺激を与えるな」という不登校に対する関わり方の基本を示す通説となったわけです。

しかし、ロジャース自身は一九四九年から五一年にかけて、精神分裂病のクライエントに遭遇して自信を失い、五七年、ウィスコンシン大学で精神分裂病患者とクライエント中心療法の効果を検討し、治療関係を結ぶことに失敗してから、彼の方法の限界は明らかになっています。彼は六四年にカリフォルニアのラ・ホイアに移ってレビンの集団力学の影響を受けて、エンカウンター・グループに移行してから、彼は自らのクライエント中心療法をまったく放棄し、むしろ集団療法による人間関係の改善を目指す方向に専念するようになったのです。

このようなロジャース自身の転向にもかかわらず、わが国ではいまだに彼の非指示的カウンセリングやクライエント中心療法の影響が根強く残っています。ロジャース派によれば、それが受容的態度であり、無条件の肯定的な関心であり、共感的理解であり、アクティブ・リスニング（積極的傾聴）であるというわけです。しかし、言語表現のできない重度障害児や軽度発達障害などがある不登校児の「特別支援教育」などにおいては、もっと積極的な関わり方が必要であり、自律訓練法や認知行動療法や臨床動作法などを活用する必要があります。

わが国の今日の教育荒廃の要因の一つは、「非指示的」という意味を「自由放任」と取り違えた誤った児童中心主義の教育思想にあるわけです。一九九〇年にアメリカのブッシュ大統領は『アメリカ二〇〇〇教育戦略―わが国を本来あるべき姿に戻すために』を発表し、「教育荒廃の原因は児童中心主義の進歩主義教育にある」と指摘しました。イギリスのサッチャー元首相も「児童中心主義とマルクス主義が教育荒廃の原因である」と述べ、フランスのミッテラン大統領も、「児童中心主義による教育が共同的記憶を喪失させ、わが国に損失をもたらした」と指摘しています。

◆ＬＤ・ＡＤＨＤをどう支援するか

広島大学の落合俊郎教授によれば、不登校と軽度発達障害にはかなり深い関係性があり、これらの子供たちの特性に不登校となる要因が数多く存在しています。ＬＤ（学習障害）やＡＤＨＤ（注意欠陥多動性障害）の子供たちに対する特別支援教育の方法を不登校児に対する指導の中に生かすことによって大きな成果が得られると思われます。

ＬＤについては学力の保障が必要であり、その子の状態に合ったスピードや教材・教具の配備が必要で、また、対人関係や社会性に課題がある子供には、コミュニケーションスキルの習得が必要です。ＡＤＨＤ児に対しては、多動性を抑制するために、リタニン等の薬物療法が有効な場合があることも事実です。しかし、最近ではリタニンの薬物依存症や薬物の悪用などが問題になっており、医師の管理のもとでの使用が不可欠です。また、問題行動がある場合など、行動の改善指導が必要である。これらの対応については、ソーシャル・トレーニングによる指導が有効だと思われます。

なお、ＡＤＨＤと高機能自閉症等の指導上の共通の配慮点は次のとおりです。

◎共感的理解の態度を持ち、児童生徒の長所や良さを見つけ、それを大切にした対応を図る
◎社会生活を営むうえで必要な技能を高める（ソーシャルスキル・トレーニング）。それらは、ゲーム、競技、ロールプレイ等による方法が有効である。
◎短い言葉で個別的な指示をする（受け入れやすい情報提示、具体的で理解しやすい情報提示）。
◎いじめ、不登校などに対応する。
◎本人自らが障害の行動特性を理解し、その中で課題とその可能な解決法、目標を持つなど対処方法を編み出すよう支援する。
◎校内の支援体制を整える。
◎周囲の子供への理解と配慮を推進する。
◎通級指導教室での自信と意欲の回復を図る（スモールステップでの指導等による）。
◎医療機関との連携を図る。

また、ＡＤＨＤの指導上の配慮点は次のとおりです。

◎叱責よりは、できたことをほめる対応をする。
◎問題行動への対応では、行動観察から出現の傾向・共通性・メッセージを読み取る。
◎不適応を起こしている行動については、その児童生徒と一緒に解決の約束を決め、自力ですることと支援が必要な部分を明確にしておく。
◎グループ活動でのメンバー構成に配慮する。
◎刺激の少ない学習環境（机の位置）を設定する。

さらに、高機能自閉症の指導上の配慮点は以下のとおりです。

◎図形や文字による視覚的情報の理解能力が優れていることを活用する。
◎本人に分かりやすく整理し提示する等、学習環境を構造化する。
◎表現することを教える。
◎環境の構造化のアイデアを取り入れること（見通しが持てる工夫や、ケースによっては個別的な指導ができる刺激の少ないコーナーや部屋の活用等）が

効果的である。
◎情報の受け入れ方や心情の理解などにおいて、障害のない者とは大きく異なることを踏まえた対応をする。

また、ＬＤの具体的指導方法については、調査研究協力校や国立特殊教育総合研究所等における研究が参考となるでしょう。まず、調査研究協力校における研究では、学習障害児やそれに類似した児童生徒に対する指導方法として、学習障害児等が興味・関心を持って授業に参加できるような指導や、達成感を持てるような指導が大きな効果を上げたことが報告されています。具体的には、障害にもとづく特定能力の困難さを補うための教材を用いた指導、スモールステップによる指導、自信をつけさせたり、やる気を持たせることができる指導、同一の課題を繰り返して実施する根気・集中力を養う指導といった例が挙げられています。

また、国立特殊教育総合研究所における研究では、児童生徒のつまずきに速やかに気付いて個に応じた指導をすることが可能なティームティーチングの活用や、集団の中では落ち着きがないため一斉指導では学習に集中できない児童生徒に対する個別指導が効果を上げたことが報告されていますし、とりわけ、それぞれの児童生徒の認知能力の特性や学習の仕方に配慮して個別に指導計画を設け、苦手な分野の学習にも長所を生かせるような指導が重要です。具体的には、次のようなものが考えられます。
・教材の種類とその示し方、板書の仕方、ノートの取り方の指導などの工夫が大切であること。
・読み書き計算と強い関係のある、文字、記号、図形の認知等に配慮した指導や手指の巧緻性を高める指導も有用であること。
「書くこと」や「計算すること」が特別に困難な場合には、ワープロやコンピュータあるいは電卓など本人が取り組みやすい機器等の併用が効果的であると報告されています。

ＬＤやＡＤＨＤ、高機能自閉症の疑いのある児童生徒は、通常の学級に在籍する児童生徒の六・三パーセントと推定されています。これまで幼小中高の連携が充分ではなく、教育的成果や留意事項がうまく引き継がれてきませんでしたが、この反省を踏まえて、不登校のみならず、これらの子供たちを充分に理解し、連携を図りながら支援していく必要があるでしょう。

（二〇〇五年九月号）

国際調査が示した日本の親子関係

平成五年（一九九三）から六年にかけて、社会心理学の中里至正・東洋大学教授のグループが中高生を対象に実施した「青少年の非行的態度に関する国際比較研究等」調査によれば、

①「父は何かと私に相談する」
②「母は何かと私に相談する」

という問いに対して、「そうである」と「かなりそうである」と答えた中高生の合計は、

日本	①二・八％	②二〇％
中国	①四六・二％	②五七・四％
韓国	①一四・八％	②三二・四％
トルコ	①四四・五％	②六五・五％
アメリカ	①五七・九％	②七一・六％

と、なっています。他国に比べて、日本の親がいかに子どもに相談しないかがわかります。

◆父親に相談しない日本の子供

二〇〇〇年の五大学学長会議でイギリスのオックスフォード大学ケロッグカレッジのジェフェリー・トーマス学長が、次のような問題提起を行いました。

「学校でも大学でも教えていないのは、親になる方法だ。……親としての教育にもっと関心を向け、向上させることには、大きなメリットがあるのではないか。半分冗談だが、子供を教育するにあたり、困難さと責任について自覚しているかどうかを証明する試験に受からなければ子供をつくってはいけないというのはどうだろうか」

これが契機となり、わが国において親学会が発足し、「親学」の理論と実践の体系化に向けた試みが全国各地に広がろうとしています。

かに中高生に相談しないか、特に父親が極端に少ない点が注目されます。
　中里教授のグループは、さらに、子供が自分の両親をどう見ているか、またはどう感じているか、という視点から「親子関係」をとらえ、子供と親との間の親密度を表す「心理的距離」という合成尺度を作成しています。親子の「心理的距離」を測定するための質問は、「親とうまくいっているか」「親のようになりたいか」「親を尊敬しているか」「親はあなたに期待しているか」「親はあなたに何かと相談するか」の五問。これらの質問を子供に投げかけ、その程度を示す四段階の選択肢で答えさせています。
　七カ国（前述の五カ国とポーランド、キプロス）を対象に実施した平成六年（一九九四）の同調査によって、日本の子供たちは、他のどの国の子供たちよりも親とうまくいっておらず、親のようにはなりたくないし、親を尊敬しておらず、親からも期待されていない、と答えているのです。これは、日本の親子関係の在り方が、他国と比べて極めて異質であり、親子の心理的距離が異常ともいえるほど離れていることを物語っています。
　しかし、親子関係の正確な実態を浮き彫りにするには、中高生を対象とした調査だけでは不十分であり、親がわが子との関係をどう受け止めているかについても調査する必要があります。そこで、同グループは平成十三年（二〇〇一）から翌年にかけて、日本とアメリカ、トルコの子供たちと両親を対象とした調査を実施したところ、以下のような結果が出ました。
　まず、（父母が）「私のすることに何かと口出しをする」という項目に、子供が「そうである」「かなりそうである」と答えた割合（父母の平均値）は、
　アメリカの親　七五％
　トルコの親　六五％
　日本の親　三九％
で、特に日本の父親は二四％と極端に割合が低いのです。これはアメリカやトルコの父親の半分以下であり、日本の父親が子供のしつけにほとんど参加

していない実態が浮き彫りになったといえます。

また、子供に相談する父親はアメリカが七九・四%に対して、日本は二・九%と極端に低く、母親もアメリカが八八・三%に対して日本は一九・三%と極めて低率になっています。

さらに、「我慢の大切さを教える」についても、アメリカとトルコの中高生は八割程度が、親は教えると思っているのに対し、日本は父親が四二・二%、母親が五一・三%と低く、「親切の大切さを教える」についても日本の親は、アメリカ、トルコの半分以下であり、日本の親は子供に対して生き方や価値観をいかに教えていないかが明らかになりました。

◆不健全な親子関係

このような貧弱な日本の親子関係が子供たちにどう影響を及ぼしているのでしょうか。前述の調査から、子供が親をどう思っているのか（子供の親に対する認識、評価）をみてみましょう。

両親を「尊敬している」と答えた中高生はアメリカ、トルコはほぼ全員であるのに対して、日本は四割程度でした。一方、「子供から尊敬されている」と答えた親はアメリカ、トルコ共にほぼ全員で、子供の答えと一致しています。

しかし、日本では、「子供から尊敬されている」と答えた父親が三二%、母親が二四・三%と、親の自信喪失がかなり深刻です。

また、両親のようになりたいと答えたアメリカ、トルコの中高生は七割近くで、日本の中高生は二割程度だという点も気になります。

なぜ日本の子供は親のようになりたくないのでしょうか。

父親を尊敬すると答えた男子学生の四三・八%は、父親のようになりたいと考えていますが、尊敬しないという男子学生の場合は四・四%しか父親のようになりたいと答えていません。このことから、親のようになりたくないのは、親を尊敬できないことが大きな要因となっていることが分かります。

次に、両親は「私に期待している」と答えたアメリカ、トルコの中高生は九割を超えている一方で、日本は父親が二七・四％、母親が三六％と極めて低く、「父は私に期待している」割合が、平成元年の三七・四％から、平成十三年の二七・四％と、一〇％減少し、「母は私に期待している」割合も、四四％から三六％に減少していることも気になります。

さらに、両親に「愛されていると思う」「両親が好きだ」「両親とうまくいっている」と答えたアメリカ、トルコの中高生はいずれも九割を超えていますが、日本の中高生はいずれも両国の半分程度にすぎません。

以上の調査研究から、他国に比べて、日本の親子関係は極めて不健全であり、十年以上にわたって日本の子供だけが父親に対しても母親に対しても極端な形で心理的距離が離れたままになっている現状が浮き彫りになりました。親に対する気恥ずかしさなど日本独特の国民性が数値の低さに表れていることや各国で親子事情が異なることを考慮に入れても、日本の親子関係が他国に比べて最も希薄であることは明白です。

この調査研究から、日本の親子の心の絆が深く結ばれていないために、親は子供の非行に対して許容的な態度を取り、厳しくしつけたり叱ることもできないということ、また、親から愛され期待されていないと感じているために、努力を嫌って享楽的な態度を取り、共感性や対人関係能力、規範意識などが育っていないことが明らかになったといえます。親を尊敬できず、親のようになりたいという思いが育たなければ、親から子へ伝えられるべき生き方や価値観は継承されず、努力して向上しようという意欲も育たないのは当然といえます。

◆子育てを負担に思う日本の母親

なぜ日本の親は子供との心の絆が結ばれないのでしょうか。

総務庁（現在の法務省）が平成八年（一九九六）に実施した調査によれば、「子供が幼いうちは、夫婦関係よりも親子関係を重視すべきだ」という意見

に「そう思う」と考えた親は、
日本　二六・七％
アメリカ　四七・八％
韓国　五九・八％
「子育ては楽しみや生きがい」という意見に肯定的なのは、
日本　四四・二％
アメリカ　七七・二％
韓国　六八・二％
という結果が出ています（中里至正・松井洋『日本の親の弱点』毎日新聞社、参照）。
また、厚生労働省大臣官房統計情報部が平成十四年（二〇〇二）から三年間実施した「二十一世紀出生児縦断調査結果の概況」によれば、三年連続して既婚女性の八～九割が「子供を育てていて負担に思うことや悩みがある」と答えています。「子供をもって負担に思うこと」の第一の理由として、「自分の自由な時間が持てない」を挙げている女性が五六・二％を占めています（第一回同調査、平成十四年）。
さらに、内閣府の「若年層の意識実態調査」（平成十五年）では、子供がいる女性の六三・三％が、「育児の自信がなくなる」、六三・九％が「自分のやりたいことができなくてあせる」、七五・二％が「なんとなくイライラする」と答えています。
国立社会保障・人口問題研究所の出生動向基本調査によれば、「子供といるとイライラすることが多い」と答えた母親は、昭和五十六年（一九八一）には一〇・八％、平成十二年（二〇〇〇）には三〇・一％にすぎなかったことを考えると、近年になって母親の育児不安や子育てに伴うストレスが急増している点が注目されます。電通の「少子化に関する意識調査研究」でも、「結婚の良くない点」として、「自分の自由になる時間が少なくなる」を挙げた若年独身が六一・三％、継続独身が六三・三％にのぼっています。
ベネッセ教育研究所が平成九年（一九九七）に実施した母親調査でも、「自分の生き方を大切にしたい」七六％、「自分が子供のために犠牲になるのは仕方がない」二四％。同研究所が平成十四年に実施した同調査でも、「三歳までは母親の手でという意識がとても気になる」と答えたのは二五％にすぎず、平成四年の出生動向基本調査では八八％が「子供が小さいうちは、母親は仕事をもたずに家にいるのが望ましい」と答えている点を考慮すると、この十年間で母親の意識が大きく変化したことが分かります。

また、「日本人の価値観、世界ランキング」によれば、「親は子の犠牲になるのはやむなし」と答えた世界の親の平均は七三％で、日本の親は三八・五％で、七十三カ国中七十二番目という結果が出ています。

日本の母親の急激な意識の変化の背景には、昭和六十一年（一九八六）に男女雇用機会均等法が成立し、それによって女性の時間自体に労働力としての価値があるということが強く意識されるようになり、自分の時間を子育てに使うことで、失う所得や楽しみの機会というものを女性が強く意識するようになり、保育所に子供を預けておいたほうが「得」という意識が浸透したことも、一因になっていると思われます。

こうした母親の子供への意識がどう子供に影響するのか。臨床教育研究所「虹」が平成十年（一九九八）に実施した保育士アンケート調査（複数回答）によれば、三～五年間で幼児に次のような変化が見られました。

①「ジコチュー児」が増えた（八五％）
②言動が粗暴になっている（七九・五％）
③何かあるとすぐに「パニック」状態になる子供が増えた（七三・九％）
④片付けやあいさつなど、基本的なことができない（七三・八％）
⑤他の子供とうまくコミュニケーションがとれない（七一・六％）

この子供たちの変化の背景には親の次のような変化があるといいます。

①受容とわがままの区別がつかない（九二％）

②基本的な生活習慣を身につけさせることへの配慮が弱い（八五・九％）
③しっかり遊ばせない（八一％）
④授乳や食生活に無頓着である（七六・一％）
⑤子供に過保護になった（七五・四％）
⑥離婚による「片親家庭」が増えた（七五・四％）
⑦親のモラルが低下したと思う（七二・八％）
⑧すぐに他人の子と比べる（六九・七％）
⑨必要以上に「良い子」でいることを子供に要求している（六六・九％）

また、大阪大学の小野田正利教授が平成十七年（二〇〇五）に実施した「学校の保護者対応」調査によれば、保護者の要求で解決困難か不条理な「無理難題」が増えたと考えた管理職が、小学校八九％、中学校八二％、高校七八％に及び、保護者の対応に難しさを感じている管理職が、幼稚園九二％、小学校九五％、中学校八四％、高校八二％という高率を占めていることが明らかになりました。管理職が挙げる具体的な「保護者の要求」としては、以下のようなものがあったといいます。

【小学校】
・「私学受験の勉強のため一カ月休ませてほしい」
・学校からの給食費などの徴収金催促に「そんなにお金のことを言うならもう学校に行かせない」
・校外学習中のすり傷を消毒し、学校に連れ帰ったら、「なぜ医者に連れて行かなかったか」と苦情

【中学校】
・「（任意の）検定試験に合わせ学校行事の日程を変えてほしい」
・教師の罷免要求の署名運動を自分の子供を使い校内でさせる
・校内でけがをした生徒の通学用タクシー代を請求
・「家で風呂に入らない。入るよう言ってほしい」
・担任発表後「あの先生は気に入らない。変えてくれ」
・授業中に読んでいたマンガを取り上げたら、「すぐに返してやれ」と来校

【高校】

・欠席数が規定を超えているのに、進級・卒業を要求
・原級留置（留年）に納得せず、議員、教育委員会に言いつける

ちなみに、全日本中学校長会が全国の公立学校長に行ったアンケート調査によれば、九〇・八％が「日本の家族関係が変化している」と答え、「耐性の欠如」「人間関係づくりが不得手」「自己中心的」などの生徒の心の変化の原因を複数回答で聞いたところ、「家庭の教育力の低下」が八四・三％、「大人の規範意識や道徳心の低下」が七三・五％を占めたという結果が出ました（朝日新聞平成十七年十月二十七日付）。

◆子供を直撃する大人の夜型化

基本的生活習慣や食生活への配慮が欠如した親が増えている中、「睡眠障害」「食生活の乱れ」「ゲーム脳」「セロトニン欠乏脳」「小児型慢性疲労症候群」などの新たな視点から近年の子供の心と体の変化を正確に理解する必要があるでしょう。

日本の乳幼児の夜ふかしは世界でも突出しており、紙オムツメーカーのP&G社が平成十六年（二〇〇四）にヨーロッパ各国と日本で乳幼児の就床時刻を調査したところ、

〈就床時刻が午後十時以降の子供たち〉
日本　四六・八％
スウェーデン　二七％
イギリス　二五％
ドイツ　一六％
フランス　一六％

また、

〈就床時刻が午後七時以前の子供たち〉
ドイツ　三五％
イギリス　三三％
スウェーデン　二六％
日本　一・三％

と大きな差があります。

平成十六年（二〇〇四）の東京民研学校保険部会の報告によると、最近の小学生の訴えのベスト3は、

あくびが出る　六二％

眠い　五八％

横になりたい　四七％

で、中学生の訴えのベスト3も同様です。

また、前述したP&G社の調査によれば、午後九時以降子供を商業施設に連れ出したことのある日本の親は二六％に達し、連れて行った場所はコンビニエンスストア、スーパーマーケット、レンタルビデオショップがベスト3でした。

つまり、大人の生活の夜型化が子供たちの眠りを奪い、慢性の睡眠不足、生活習慣病、時差ボケ、明るい夜、セロトニン欠乏など、夜更かしの問題点の大きな要因となっているのです。

食生活の問題はどうでしょうか。福山市立女子短大の鈴木雅子教授の著書『その食事ではキレる子になる』（河出書房新社）によれば、中学生を対象に食生活の内容と心と体の健康に関する調査を行ったところ、心と体が不健康だと訴える子供たちの食生活には、次のような共通点があったといいます。

①野菜や根菜（とくに食物繊維の多い根野菜のこと。例えば、ゴボウ、ダイコン、イモ類など）の摂取量が少ない

②インスタント食品の摂取量が多い

③朝食を食べない

④砂糖の摂取量が多い

⑤テレビを見ている時間が長い

⑥睡眠時間が少ない

夜更かしは朝食を食べないなどの食生活の乱れに直結し、朝食欠食がイライラの要因になっていることは、第十九期日本学術会議「子どものこころ」特別委員会報告書（平成十七年）によって明らかになっています。ちなみに、この朝食を食べない割合は、最新のデータによれば、小学生一六％、中学生二〇％と発表されています。

夜十時以降に就寝する一〜三歳児は、
一九八〇年　二五％
一九九〇年　三五％
二〇〇〇年　五五％
と急増しており、乳児期に一日に三回以上目が覚めてしまう重度の「睡眠障害」の場合、五年後にADHD（注意欠陥多動性障害）と診断された者が四分の一という報告もあります。

睡眠は脳と心の大切な栄養素であり、基本的生活習慣や生活リズムの乱れが、子供の問題行動や社会的不適応の誘因になっていることは見落としてはならないでしょう。

また、身体的に疲労し、「イライラする」「記憶力、集中力の低下」「気分がふさぐ」「協調性に欠ける」「無気力になる」「不安になる」「人格の荒廃」「神経過敏」「脱力感」「神経障害」「うつ状態」などの状態が表れます。

さらに、軟らかい食品の増加により、咀嚼が減少し、脳細胞の活性化が阻害され、間食の増加によって、糖分の過剰摂取、朝食欠食となり、低血糖症によって脳の理性を司る部位の活動が低下し、血糖値を上げるために脳内物質アドレナリンが分泌されて興奮し、攻撃性が増し、ムカつきキレる状態につながるというメカニズムになっています。

このような時代と環境の変化に伴う子供の心と体の変化の実態を親が十分に認識した上で、家庭で子供とどう関わるべきかについての共通理解を深める必要があります。

最近の親は学校や教師に対する要求がますますエスカレートし、「家庭教育の在り方についての価値観は多様であり、わが家の方針に余計な口出しはするな」という傲慢な態度が目立ちますが、ここで引いてしまってはいけないのです。子供の将来のためにも、そのような親の意識を変え、「主体変容」を促す「親学」こそが求められています。

（二〇〇六年二月号）

親教育に乗り出す各国の動き

◆親になったら学ぶカリキュラム

アメリカのミズーリ州で開発されたプログラムに「PATプログラム」があります。PAT（Parents as Teachers）は、「教師としての親」を育成することを目的としています。

このプログラムは、二〇〇六年（平成十八）現在は全米五十州のほか、イギリス、ニュージーランド、オーストラリア、西インド諸島など世界の三千カ所で展開されており、戸別訪問プログラムや仕事を持つ母親に対するプログラムなど、状況に応じたきめ細やかな内容が盛り込まれているのが特徴的で、子供の教師としての親教育に優れた実績を挙げています。また、脳科学や大脳生理学など、最先端の科学の研究成果に基づいてプログラムが構成されているため、ADHDやLDなどの発達障害を抱えた子供を持つ親に対しても有効と思われます。

ニュージーランドでは、このプログラムを自国の実情に合わせて改良し、主に幼児を持つ親向けに、PAFTプログラムを展開しています。PAFTはParents as First Teachers（＝最初の教師としての親）の頭文字を取ったもので、プログラムのねらいは、親が子育てに喜びと自信を持てるように導く「親の育児力の向上」にあり、担当保育者がサービス対象の家庭を毎月一回訪ね、育児のポイントやヒントを伝える家庭訪問サービスが中心で、家庭訪問は三年間続きます。このほか、毎月一回、各地でサービスを受けている親子との交流会を開催し、ニュースレターが送付されるというものです。

実施主体は、ウェリントンにある政府機関の乳幼児保育振興本部で、各地域でPAFTプログラムを実際に展開する機関と契約を結び、家庭訪問をして親子を指導する担当者の養成、研修、教材の準備をしています。親子指導の担当者は、原則として保育者資格を持った「親教育者」と呼ばれている人です。親教育者は採用後、任務に就く前に五日間の集中的な研修を受けます。研修の教材として使われるPAFTプログラムのマニュアルは千六百ページにも及び、「誕生から学ぶカリキュラム」と呼ばれています。

また、親教育者が家庭を訪問する際には、子供の発達段階に応じた簡単な玩具、絵本を持っていき、各家庭や一人ひとりの子供のニーズに応じて、親の気持ちを温かく受け止め、親が子育てに喜びと自信を持てるように側面から実演を交えながら具体的なノウハウを示し、親の育児力を高めていきます。親教育者が子育て中の母親の気持ちに寄り添いながら、乳幼児の気持ちや発達の特色を分かりやすく伝え、子供との接し方、遊び方、コミュニケーションの取り方、導き方を親の目の前で実演する懇切丁寧な子育て支援サービスであるといえます。

PAFTプログラムは一九九二年（平成四）に国民党政権が始めた全額国費のプログラムですが、全国一律のやり方で開始されたため、当初、多くの親から反対されました。しかし、地域のニーズに合わせてプログラムを変更していったため、サービスを希望する人が増えていきました。

担当者は、世代から世代へと受け継がれていった子育て文化の伝達者として多様な子育て方法の選択肢を示し、それぞれの親が自分自身の子育て文化を創造していけるように援助することが任務とされています。

PAFTプログラムは、妊娠中の親から始められ、「〇〜一歳用」「一〜二歳用」「泣いた場合」など月齢、年齢別にいろいろな状況に応じたリーフレットが準備されています。担当者は家庭訪問した後、スタッフ報告書を書き、記録をつけ、月一〜二回のスタッフミーティングなどを通してステップアップしていくというＥＣＤ（Early Child Development＝乳幼児保育振興本部）のトレーニングが課せられています。

これらのプログラムを導入する際には、日本の文化や教育の実情に合わせて改良し、日本独自の「親学」プログラムの中に取り入れる必要があるでしょう。親の子育て負担感の軽減のためだけでなく、さまざまな子育て不安を解消し、急増する児童虐待などを防止するためにも、このプログラムの導入が有効であると思われます。

◆「完全な人などいない」

カナダで実施されている「ノーバディズ・パーフェクト」プログラムは、子育てに悩む親支援のプログラムで、成人教育の原理に基づき、各自が持っている知識や経験をベースにしながら互いに学び合うという学習スタイルを取っています。

ノーバディズ・パーフェクトとは、「完全な人などいない」という意味で、〇歳から五歳までの乳幼児を持つ親を対象に、一九八〇年代にカナダ東海岸四州の保健機関が共同開発し、カナダ保険省は一九八七年（昭和六十二）に五冊のテキスト『からだ』『安全』『こころ』『行動』『親』を出版しています。厳しい気候のカナダにやって来た移民や子育てに困難を抱えた親が、社会的・文化的、地理的に孤立しないように、グループで学び合えるように工夫されており、十分な教育を受けていない親にもとても分かりやすい構成になっています。

また、少人数で親同士が互いを情報源として、あるいはアドバイザーやサポーターとして活用しながら、相互学習していく参加者中心のプログラムで、このプログラムをスムーズに進めていくために「ファシリテーター」という援助者を必要としています。

ファシリテーターを養成する研修は、一日六時間、計四日間にわたって行われます。初期の段階では保健師が中心だった受講者は、次第にカウンセラーやソーシャルワーカー、看護師、教師など、親や子供に関わるさまざまな職種の人々に広がっています。また、ファシリテーターを養成するトレーナーになるためには、最低三回ノーバディズ・パーフェクトのプログラムを実施したうえで、さらに二日間の研修を受けることが課せられています。

このプログラムに参加するのは本人の意志で、扱うテーマも参加者のニーズを汲み取り、それを整理して取り上げていくという方法を取っています。「お互いの持つ経験やアイディアを分かち合う」ことを大切にし、「親一人ひとりには最良の判断を下せるだけの力が本来宿っている」とした人間肯定的な理念を前提として、次の基本的信念に立脚しています。

① 親は子供を愛しており、良い親になりたいと願い、そして子供の健康と幸せを願っている

② 親はどのようにすればよいのかを最初から知っている人はいない。どの親も情報と支援を必要としている。助け合いのグループに入ることで、自分の良いところに気付き、またいま何が足りないかを知るきっかけができる

③ 親自身が満たされることは、ひいては子供が満たされることにつながる

④ 親はお金をかけないでも日常生活に具体的に役立つ知恵や方法があり、それを身につけたいと思っている

そして、次の四点を満たしたならば、親教育の環境が出来上がったと考えています。

① 自分自身の価値観と生活経験が認められ尊重されたとき

② 何を学ぶのか、そして何を試してみるかの決定権が自分自身の手にあると感じるとき。そしてプログラムの内容が自分の知りたいことと合致しているとき

③ 新しい方法、新たな行動を自由に試してみることができるとき

④ お互いに支え合っているグループに入っていると実感できるとき

以上から分かるように、このプログラムは互いの価値観を尊重し、その人の価値観を変えることは目的にしておらず、親に「こうしなければならない」という指導はせず、具体的な出来事や体験を取り上げて問いかけをし、それによって、親自身の気付きや洞察が深まることを目指しています。親が自力で体験の意味を理解し、これからの行動や考え方にバリエーションを増やしていく機会を得るようにするわけです。この一連の問いかけを「経験学習サイクル」と言い、「出来事」「事実を確認する」「意味を考える」「次にどう活かすか」の四つのプロセスから成り立っています。

◆親が運営する保育所

ニュージーランドでは幼稚園の運営は親が担い、運営も保育もすべて親が担うという世界的にもユニークな「プレイセンター」という認可保育機関が一九四一年（昭和十六）に開設され、半世紀以上にわたって運営されています。保育方針や保育計画、保育評価方法などを親と協力しながらつくり上げ、保育者は親を育てる役割を担い、幼稚園や保育園の保育カリキュラムの根幹に親参画が位置付けられ、保育者と親は対等なパートナーとして協力し合って保育をするのです。

プレイセンターは「子育てからの解放」ではなく、子育てを楽しみながら、「家族が一緒に成長する」ことを目指しており、「スーパーバイザー」養成を兼ねた親教育プログラムを通して、幼児期の遊びの重要性、幼児とのコミュニケーションの執り方、親自身のリーダーシップの取り方などを親自身が学び、子育てへの自信や喜び、自己肯定感などを獲得していきます。

ここには運営上の責任者・スーパーバイザーがいますが、センターの運営方針は親たちの話し合いで決めます。各プレイセンターの運営は、政府からの補助金、保育料の徴収、資金集め活動などを基にして、各運営委員会がオープンに行っています。

子育て学習と子育てを楽しむプレイセンターの魅

力は、親教育プログラムで子育てについて学んだ先輩格の親が、新米の親の前で、子供の行動の意味や導くヒントを実演しながら伝授していくやり方にあるといわれています。この「実演」保育は、親の育児力アップにはかなりの効果が期待でき、山口大学教育学部附属幼稚園では、親が保育に参加する取り組みを始めています。これについて、山口県立大学の松川由紀子教授は、次のように指摘しています。

「『実演』保育を日本でもしようとするならば、可能な限りに保育機関で親がいつでも自由に立ち寄れる態勢を整え、保育参画への取り組みを工夫する必要があります。歴史や文化が異なるお国柄で、同じやり方を導入することは難しいでしょう。しかし、例えば、地域のボランティアの協力がある保育園だけは自由に立ち寄っていいとか、人数や時間を制限して公開するとか、日本に合ったやり方を工夫すればよいのです」

ニュージーランドでは、政府が親主導プログラムを支援しており、多様な保育プログラムのすべてにおいて、親支援と親教育が行われています。社会発展省は広い視点から親教育と親支援に深く関わっており、保育者を養成する教育大学では、親との共同に関するコースを開設しなければならず、学生は親と関わる能力を身につけていることを実習期間で示さなければならないのです。

わが国で五年ぶりに改定された男女共同参画基本計画（第二次）の第一部「基本的考え方」には、「親と子どもの関係が改善され、男女とも子どもと関わる喜びを体験し……家族としての責任を果たすことができる社会を形成していくことは重要である」と明記されています。

親が子育ての意義と喜びを実感しながら「家族としての責任を果たすこと」が求められています。労働者としての親支援だけではなく、「人生最初の教師」たる教育者としての親支援に、わが国はもっと力を入れる必要があるでしょう。

（二〇〇六年三月号）

親は子供にどう関わるべきか

◆教育の原点は家庭にある

家庭は価値観形成・文化継承の磁場といえます。「教育改革国民会議」が平成十二年（二〇〇〇年）に出した報告書には「人生最初の教師」たる親の責任が強調されていますが、これを持ち出すまでもなく、教育の原点は家庭にあり、親は人生最初の教師として教育の第一義的責任を負うことを深く自覚する必要があります。これが「親学」の第一の基礎・基本です。

家庭教育は子供の人格形成の基礎であり、子供の発達段階に応じてどのように人格形成を図っていくかは、心や脳の発達という科学的事実を踏まえる必要があります。

子供は起床をともにするいちばん信頼できる大人に甘え、依存し、やがて反抗期を通して自立していきます。親に甘え、依存し、反抗することは子供の成長に必要不可欠なプロセスです。「しっかり抱いて、下に降ろして、歩かせろ」という日本人が語り継いできた子育ての知恵は、子供の発達段階に応じた親の関わり方の本質を衝いた格言といえます。このように、「親学」の基礎・基本の第二は、胎児期、乳幼児期、少年期、思春期という子供の発達段階によって、家庭教育で配慮すべき重点が異なるということです。

古くから「三つ子の魂百まで」と語り継いできたように、三歳までは「しっかり抱いて」、親に甘えて依存する母子の「愛着」形成が重要であり、母親の無条件の「受容」によって子供の心は安定し、母親の無条件の愛情と信頼を実感することによって自尊感情が育まれます。

チンパンジーはわが子を六カ月抱いた後、下に降ろし、それ以後は子供が甘えてきても突き離すという話を多摩動物公園の園長から聞いたことがありますが、日本の最近の若い母親たちの中には、子供をいつまでも抱いていて下に降ろすことができない「母子分離不安」の母親が増えています。「愛着」の次に必要なのは「分離」であり、前者が母性原理、後者が父性原理といえます。母性原理は「包み込む」働きであり、父性原理は「切る」働きです。前者は太陽、後者は北風の働きであり、両者のバランスが最も重要なのです。

しかし、その前の胎児期に親子の絆を深く結ぶことが「人間教育」の原点であり、「心の教育」の出発点といえます。これまで多くの親たちは「人間らしさを育てる」ということや子供の心や脳の発達についてあまりにも無自覚であったのではないでしょうか。近年、情緒不安定でムカつきキレる子供が増えてきた背景には、こうした子育ての本質や親のあり方に対する親の無自覚という根本的な問題があったのではないでしょうか。

「親学」の基礎・基本の第三は、母性と父性の役割を明確にすることとです。胎児期は母親しか関わることができないから、母親独自の役割分担、すなわち母性の特質、特性があることは明白です。

「親学」の重要性は、近年の脳科学の目覚ましい研究成果によって、前頭連合野の感受性期（臨界期）や情動の原型が五歳ころまでに形成されることなどが明らかになったことからも裏付けられたといえます。親の独りよがりの教育論ではなく、何が子供の「最善の利益」になるのかという子供の人間性の成長、人格（心、脳）の発達という子供の視点に立った育児の在り方、親の在り方、関わり方を模索する「親学」こそが求められています。

◆親学研究会、動き始める

教育の目的は人間らしさ（人間性）の育成にあり、前頭知性、人間性知能を育むためには脳科学を活用したライフスキル教育が有効です。胎児期、乳幼児期、少年期、思春期という子供の発達段階に応じて、脳科学を活用したライフスキル教育を「親学プログラム」「親学アドバイザー養成講座」の内容にどのように盛り込むかについて、ＰＨＰ親学研究会（ＰＨＰ教育政策研究会を継承するかたちで昨年末に発足。ともに筆者が主査）で検討し、理論編・実践編の構成案の検討、テキスト案の検討、「親学アドバイザー養成講座」のプログラムの立案・検討等を経て、年末にはテキスト『親学の教科書』を完成し、全国で「親学アドバイザー養成講座」を日本財団の全面的支援を得て実施する予定です。

子供の発達段階に応じて「親学」の基礎・基本として最低限踏まえる必要のある基本的観点、ならびに具体的配慮点を次に掲げます（詳しくは、民間教育臨調の提言③『家庭教育の再生』《学事出版》を参照ください）。

〈親学の基本的観点〉

①胎児期においては母胎から与えられる栄養やホルモンが適正になるように配慮し、また有害な化学物質から守られるよう配慮する。

②乳幼児期においては、適切な母（または母の代理）との安定した感覚的心理的結び付きを通して、人間そのものに対する基礎的な安心感と信頼感が涵養される。

③少年期においては、身体的知的能力の確実な発達を促すとともに、それらの能力を統合して使いこなす人格の統合度やコントロール度を高める教育が中心になる。

④思春期においては、精神的な自立のための準備として、規制をゆるめつつ自己判断力を養い、リーダーシップを発揮する機会を増やし、自らのルールを改善したりつくったりする訓練がなされるべきである。

〈親学の具体的配慮点〉

①胎児期における配慮

必要なホルモンを正しく与えることと有害な化学物質を与えないことが特に重要である。胎児期と生後一年の間は、有害化学物質を遮断する関門が出来上がっていないので、母胎に入り込んだ有害物質は胎盤や母乳からもろに胎児（や乳児）の脳に入り込むので細心の注意が必要である。

②感覚による母子統合

最近の脳科学の発達によって、乳幼児期における神経回路の形成は、母親からの刺激によって促進されることが判明している。神経回路の形成が不足すると、情緒不安定、攻撃的・衝動的傾向が増大することが報告されている。乳幼児期には母親からの安定した働きかけが不可欠である。

③心理的母子統合

夜間保育や延長保育は、母子の一体感の育成という観点からも、母親の親としての成長という観点からも望ましくない。「三歳までは母親の手で育てることが大切」という説をしきりに「三歳児神話」だと否定する宣伝が流布しているが、それは決して「神話」ではなく、しっかりとした科学的根拠に裏打ちされているのである。

④家族との一体感とアイデンティティ

家族との一体感と性別への帰属意識がしっかりと確立している場合には、青年期になって社会的役割との間に葛藤が起きたり、新しいアイデンティティを再構築しようとするときに、揺るぎない基礎を提供することになる。したがって、家庭においてこの二つの基礎的なアイデンティティを築くことが大切である。

⑤秩序感覚と構成力の発達

異なった諸要素を組み合わせて意味ある全体を構成する能力を「構成力」という。この統合する能力はほぼ八歳から十歳ころまでに完成し、「生きる力」の中核となる重要な能力である。この能力を育てるためには、乳幼児期・学童期に規則正しい生活をさせることによって「秩序感覚」「ルール感覚」を育て、特に父親が子供と一緒に過ごすことが構成力を高める働きをするので、母性のみならず父性的関わりを強め、性質の異なった多くの刺激を与える必要がある。

⑥心身のバランス良い発達と日本人としての自覚

子供の心身の発達の基本となるのは感性、情緒の育成である。美しい日本人の心や感性、先祖や子孫との縦のつながり、家族や郷土などの共同体とのつながりなどを、家庭における日本独特の伝統行事（節句や祭り、迎え火や送り火など）を通して実感させることが大切である。徳知体のバランス良い発達を促進し、家庭、社会、国家、世界に貢献する日本人の育成を目指す必要がある。

⑦自立への準備

自立のための人格の基礎は家庭においてつくられる。他律から自律へと導くのが教育であり、千利休の「守破離」の精神（「規矩作法守り尽くして破るとも離るるとても基（本）を忘るな」）の如く、まず文化の基本の型を継承し、応用発展させ、個性的な創造へと導いていくのが教育である。親はこの人格の発達段階に応じて徐々に「自由裁量」を子供に与えなければならない。特に思春期は精神が不安になると同時に、他方では自立への強い意志が出てくるときであるから、親はいたずらに規制を強化するのではなく、自立への意志を尊重しつつ、必要な注意は与えながら、ある程度の冒険をさせることも有益である。どの時期にどの程度の範囲で規制をゆるめてもいつか判断するのが親の重要な役目である。子供の判断力と力量について適切な判断ができるように、日ごろから子供の成長についてよく知っておく必要がある。

◆子育ての外注化、孤独な母親

近年、保育施設の増加などにより、「子育ての社会化（外注化）」がますます進められていますが、これにより心、脳の健全な発達が阻害される子供が急増するおそれがあります。さらに、家族と親子の絆という最も大切な核が崩壊する危険性すらあるでしょう。脳科学の最新の研究成果によって分かった科学的事実を明確に伝えることによって、乳幼児の心、脳の発達、人格形成にとって大切なことが、結果的に強いメッセージとして伝わる内容にする必要があると思われます。

ただし、核家族化が進み、知り合いのいない都会のマンションの一室で育児に専念する母親、仕事に追われて夜遅くまで家に帰らない夫、他の大人と一言も話さず、一日中子供とだけ向き合っている母親という家族像は高度経済成長期以降の家族の現実であり、それ以前の大家族の中での母親像と同一視できない点は十分に考慮する必要があるでしょう。

つまり、育児の密室化、孤独な母親という現実を無視して母親の役割は「こうあるべきだ」という建前論をふりかざすだけでは問題は解決しないし、かえって母親の不安、過干渉、母子密着を助長するおそれがあります。このような点を踏まえて、今日の核家族における子育ての在り方を考え、父性的、母性的関わり方を父親と母親が実際にどのように担うかという視点が必要となるでしょう。

（二〇〇六年四月号）

先人の知恵と親学

◆明治時代の『家庭心得』

わが国では古くから子育ての知恵が受け継がれてきました。その子育ての伝統を創造的に再発見しようとする試みが「親学」です。例えば、明治三十一年（一八九八）に埼玉県深谷市の幡羅高等小学校（現在の小学五年生から中学二年生までが学ぶ）は『家庭心得』を入学当初に保護者に配布しています。「教育の精神」という項には次のようにあります。

一　学校は、一家族の状態を存すべし、教師は父母の如く、謹厳にして慈愛なるべし、生徒は子女の如く、恭敬にして従順なるべし。
一　学校は、一社会の状態を存すべし、長幼の秩序を正すべし、相互の間に、仁と愛とを尽すべし、而して常に生徒をして、校規を重ぜしめ、校則に従わしむ。

「生徒保護者への御注意」として次のように家庭に呼びかけています。

拝啓　諺にも教育の道は、家庭の教えで芽を出し、学校の教えで花が咲き、世間の教えで実が成ると申す程にこれありそうらえば、学校と家庭とは常に相一致し、互いに力をあわせ、同じ方向に相進み、小児をして、世界の悪しき風習に染ましめぬように致したきことにござそうろう。

近年、家庭・学校・地域の連携の必要性が随所で指摘されていますが、明治時代にも家庭・学校・地域が連携して協力しながら同じ方向に進んでいくことを呼びかけていることは注目に値します。

また、「賢母の家庭」と題して次のような物語に賢母の有り様を託しているのも興味深いものがあります。

あるところに、大変賢いお母さんがいました。学校に行っている子供が病気でもないのに、「一日学校に行きたくない」と言ったのですね。お母さんは、強いて学校に行きなさいというのではなく、その子をさそい畑に連れて行きました。

成長の悪い麦を見せて、「なぜ、この麦はこのように痩せているのか」と尋ねたのです。子供は「肥やしを与えず、よく耕さなかったからだ」と答えました。

お母さんは、次に、他の畑へ連れて行き、極めてよく育った麦を見せて、「なぜ、この麦はこのようによく育っているのか」と尋ねました。子供は「肥やしを良く与え、良く耕したからです」と答えるのです。

お母さんは、「では、なぜ、あなたは今日学校を休み、ただ家にいて、遊んでいれば、大きくなって……。」と言おうとすると、その子は感じるところがあり、すぐ、「お母さん私は過っていました。これからすぐに学校へ行きますから」と自分から言ったのです。「学校で学び、成長の後、この麦のように善き人となります」とお母さんに謝り、学校へ出かけたという話です。

子供が学校を休みたいと言ったときは、この賢母のように、子供に良く考えさせ、判断させることが大事です。

「子供が学校を休みたいと言ったときは、子供によく考えさせ、判断させること」という姿勢は、今日の親は大いに学ぶべきです。

興味深いことに、この中には「西洋諸国小学校生徒の欠席」と題して、「通例小学校生徒の欠席は、これをその父兄、もしくは保護者の罪に帰し、いわれなく、学校を休ましむる時は、科料もしくは禁錮の刑に処するなり」と明記されています。現在、アメリカではこれに近い考えで不登校対策を行っている州もありますが、西洋諸国のこうした態度の良い面は一方で学びながら、日本独自の対応を考えていく必要があるでしょう。

◆掟と家訓に学ぶ

白虎隊で有名な会津藩には、日新館という藩校があり、十歳以下の幼年教育に「什の掟」と言われるものがありました。

一、年長者の言うことに背いてはなりませぬ。
二、年長者には、お辞儀をしなければなりませぬ。
三、虚言を言うことはなりませぬ。
四、卑怯な振舞をしてはなりませぬ。
五、弱いものをいじめてはなりませぬ。
六、戸外で物を食べてはなりませぬ。
七、戸外で婦人と言葉を交えてはなりませぬ。

家訓の最後は、「ならぬことはならぬものです」と締めくくっています。「だめなことはだめ」「弱いものいじめは絶対に人間として許されない行為だ」とはっきり言えない今日の親や教師は、大いに参考にし、自らを見直す必要があるといえます。

各家に残る「家訓」は、家族の約束事や、こうなりたいと望む家族の姿を表したものといえます。

徳川将軍家お抱えの剣術指南役の柳生家に伝わる家訓です。

小才は、縁に出会って縁に気づかず。

中才は、縁に気づいて縁を生かさず。
大才は、袖すり合った縁をも生かす。

「縁」とは仏教用語で、ものごとは原因によって結果を生じるが、「縁」は、結果の直接的な原因を助ける間接的な原因を、「才」とは、学問、知恵、能力を指します。

つまり、この家訓は、「(決して天賦の才能に恵まれた人だけではなく、たとえ凡人であっても)学問、知恵、能力を磨くことに励めば、その結果、人格(心と技)を陶冶してきた人間は、結果を生じる原因を助成する事情や条件などの間接的原因を生かすことができる達人になる」と言っているわけです。

もう一つ紹介したいのは、日本人ではありませんが、日産を健全経営に復活させたカルロス・ゴーン氏の妻が発表したゴーン家の家訓です。次は二十一カ条からなる家訓の一部を抜粋したものです。

◎人生にとって大切なのは基本的なしつけである。
◎妻は夫が父親になれるように手伝う。
◎不正に親は協力して立ち向かう。
◎平日は家でテレビを見せない。
◎ルールを決めたら簡単に変更しない。
◎欠点や弱点を指摘するときは、いい側面をほめる。
◎間違いに気づいたら、きちんと謝罪する。
◎家族にとって一番大切なのは団欒と会話である。
◎家族の大きな決定は、必ず夫婦ふたりの同意のもとに行う。
◎妻は夫の応援団長となる。

ゴーン家の家訓には、国を超えた家庭教育の普遍的な原理・原則が含まれています。子供が親の愛情を求め、親が子供を慈しむというように、親子が心の絆で結ばれているのが家族です。大事なのはこの家族の絆であり、親と子の心の絆がもたらす一体感、これが幸福の原点といえます。

家族が絆によって結ばれ、ともに暮らすのが家庭であり、家庭は価値観形成の磁場であり、文化継承の場です。家庭の中で育みたい価値観として、次のようなものがあげられます。
◎他者を尊重する＝自分以外の人間の欲求や信念、感情を思いやる。
◎親切＝周りの人間に対して、愛情や思いやりを表現する。
◎健全な生活習慣＝自分や家族の体を大切にする。
◎責任感＝決められたことをしっかりとやりとげる。
◎誠実＝人の信用を得て、公正で信頼に値する存在になる。
◎勇気＝問題に直面したとき、勇気をもって自分の価値観を守り、断固とした態度をとることができる。
◎自律＝自分をコントロールし、自分の技能や才能を伸ばし、目標を達成する。
◎奉仕＝人を助け、人のために行動する。
◎家庭への協力＝しっかりと支え合う家庭づくりに協力する。

また、お盆の迎え火や送り火を通して、先祖との命のつながりを実感させたり、桃の節句や端午の節句などの年中行事を通して、美しい日本人の心を育むことは、家族とともに参加することによってこそ実感として身につくものであり、家庭で行うことに意味があるのです。

◆教師を本気で潰そうとする親

近年、夫婦関係が危機に直面し、子育てで孤立している母親が夫の関心を引くために、担任教師を共通の敵に仕立てるケースも増えているようです。

進級や単位認定をめぐって無理難題を言い、「公開質問状」を突きつけて提訴する親の訴訟攻勢に対して、都内の教員のほぼ四人に一人が「訴訟保険」に個人加入しているという事実は見逃せません。

一昨年度に何らかの精神性疾患で病気休職した全国の公立小中高校などの教職員は三千五百五十九人で、十年前の三倍という激増ぶりで、教職員の病気休職者の過半数を占めています（文部科学省調べ）。その背景には理不尽な親の要求に対する対応に教師が心身ともに疲れ切ってしまうという事情があります。

『子どもよりも親が怖い』を著した諸富祥彦・明治大学助教授によれば、「深刻なのは、教師を本気で潰そうとする親が出てきたこと」で、教室内に盗聴器を仕掛けて教師の言動を監視したり、学校に押しかけて担任教師をつるし上げ、辞職の念書を書かせたケースもあったといいます。

このような親からの激しいバッシングにさらされて、教師の権威が失墜したことが、いじめの温床といわれる「なれ合い型」の学級の増加につながっています。教師が児童生徒に友達感覚で接する「なれ合い型」の学級では、最低限のルールが毅然とした態度で示されないため、三～四人の「不安のグループピング」と呼ばれる小集団が多数生まれ、早い段階で発見し対応しないと、小競り合いが激化して学級崩壊に至るか、発言力のある子供が他の集団を従え、教室を支配することになります。

これは「なれ合い型」の学級ではいじめが多いことが判明していることに表れています。弱い者いじめは人間として絶対に許されないという厳しい姿勢で臨む必要があり、このような正義感を育むのも家庭の重要な役割であると親に自覚させることが大切です。

子供は親の言うことを三割までしか身につけないが、親の行うことは七割以上身につけてしまうといわれます。つまり、子供の教育に有効なのは、親自身が模範となることです。親は子供にとって模範たる存在かどうかを常に振り返る必要があり、たまには、人間観、人生観、幸福観、社会観を見直すことが大切です。

次に大事なのは、親自身がしっかりとした生活のリズムを身につけて、健康な生活を送ることです。そのためには、適度な運動・適切な睡眠・適度な栄養・快適な環境の維持も必要となってくるでしょう。

さらに、親自身が自らを磨き、人間性、すなわち心、知性、感性、社会性を高めること。心を磨くためには、夢・ビジョン（理想として描く構想、未来像）を持つことです。アメリカ・アマースト大学の学長を務めたクラーク氏が、赴任先の札幌農学校を去るにあたって学生に残した言葉「少年よ、大志を抱け」は有名ですが、親自身が自ら人生の目的、夢、理想を問い直すことです。

子供との関わり方で大事なことは、

◎子供の人格を信頼する
◎子供の行為を確認し、人格と区別する
◎ほめて育てる
◎上手に叱る

の四点です。また、子供が自立して社会で生きていく上で、親が子供に身につけてやるべき大切な能力が、「他者と共に生きる力」です。そのためには、共感性・社会性・抑制力・自己肯定感を育む必要があるでしょう（詳しくは『親学の教科書』《ＰＨＰ研究所》を参照してください）。

（二〇〇七年一月号）

あとがき

今から二年三カ月前に感性・脳科学教育研究会を立ち上げ、会長に就任して以来、毎月研究会を開催してきました。さらに三カ月に一回、オープンフォーラムを開催し、まもなく報告書の六冊目を発行する予定です。（これは脳科学の専門家の二時間の講演と一時間の教育現場の実践報告をパワーポイントの資料を含めて完全収録した貴重な報告書で、研究者と実践者の交流を二年間積み上げてきたわが国で唯一の研究実践記録であると自負しています）

「人間らしさ」の核は前頭連合野の知性であるＨＱ（人間性知性）にあり、その感受性期は八歳くらいまでがピークで、乳幼児期に母子のふれあいを深めてＨＱを育てる必要があります。

人間らしく育てるというのは脳科学的には前頭連合野を育てることであり、幸福感の源ともなるセロトニン系の脳内物質が「母性愛」の基礎で、これが不足すると、母親は子供に対する愛情を十分に抱かなくなります。セロトニンが欠乏すると、育児さえ放棄するというデーターがサルで得られています。ヒトは動物よりも自立するまでの期間が長く、保育期間が進化的に延長したこともあって、母性愛をさらに強固なものにするように進化してきたのです。母性愛には「幼形成熟（ネオテニー）」など生物学的な基礎があることは、長い進化の歴史によって裏付けられています。

脳科学の専門家・澤口俊之氏は、近代の狭いモノサシ（宗教や思想、イデオロギーなど）で父性や母性を否定してはいけないことや、乳幼児の育て方をＨＱを育てる仕方に抜本的に変えることが重要であり、これは親や教師の自覚だけから出発しても何とかなる、と強調しています。

父性原理とは「切る」義愛の原理であり、厳しさ、規律、鍛錬などを意味し、母性原理とは慈愛の「包む」原理であります。ですから、「父性、母性」という言葉自体が社会的、文化的性差に対する偏見、先入観、固定観念につながるという考え方は間違っているわけです。

このほど、政府は少子化対策を検討する「子どもと家族を応援する日本重点戦略検討会議」を発足させ、私は「家族・地域の再生分科会」委員に就任しました。就任依頼の電話で「安倍総理の要請で」との説明だったので即応諾したのですが、少子化対策を「親学」の視点から全面的に見直す提言をしていきたいと思っています。

今回の重点戦略検討会議の基本的考え方は「子どもと家族を大切に」ということですが、従来の少子化対策は子供と家族を大切にしてきたとは到底いえないものでした。少子化の最大の原因は非婚化、晩婚化等にあり、「保育サービスの充実」等の外発的な動機づけよりも、結婚して子供を産み育てたいという内発的な動機づけの施策を充実させ、子育ての意義や喜びを実感できるような「親学」を少子化対策として積極的に導入する必要があります。
従来の少子化対策は経済効率優先で、労働者としての親を支援する施策に偏重していますが、諸外国のように教育者としての親支援にもっと力を入れる必要があるのです。わが国の少子化対策が労働者としての親支援に偏っているのは、「親を育てる」という親教育の視点が欠落しているからです。

オックスフォード大学のトーマス学長は世界五大学学長会議で、「学校でも大学でも教えていないのは、『親になる』方法だ。……困難さと責任について自覚しているかどうかを証明する試験に受からなければ、子供をつくってはいけないというのはどうだろうか」と問題提起しましたが、わが国の子育て支援も母親の育児ストレスばかりを強調しないで、子育ての「困難さと責任」についての自覚を促す教育者としての親支援に力を入れていくべきでしょう。

そのために私たちは親学を提唱し、保育所、幼稚園、学校を「親学の拠点」にして、教育者として適切な「親になる」ための教育に取り組むことを推進しています。親にはもや教育を期待できないという前提で、多様な保育サービスの充実に力を入れる少子化対策よりも、親が子供と一緒に過ごす時間を確保し、在宅育児手当など親が家庭で「子育てをする権利」を経済的に保障するなど、教育者としての親支援の具体化を図る必要があります。

政府は平成十九年度の少子化対策関係予算として、「家族・地域の絆を再生する国民運動の展開」等に二億四千万円を計上しています。「家族・地域の絆の再生」政務官会議の「あったかハッピープロジェクト」が提言した、脳科学や情動（喜怒哀楽）研究の最新の科学的知見を広く一般に衆知し、家庭教育手帳などにも取り込み、「母子や家族の絆を深めるため母乳育児の推進と読み聞かせや子守歌の推進を図る。特に、乳児期における母子のふれあいを推進する」などの「母子教育・家庭教育の充実」を積極的に展開する国民運動こそが求められています。親学推進協会、師範塾、そして「家庭からの教育再興プロジェクト」などがその中核となって、「家庭からの教育再興」を目指す草の根の国民運動の輪を全国に広げていきたいと思っています。

本書は月刊誌『MOKU』に連載してきた「高橋史朗の第三の教育論」をテーマ別に整理して出版する「高橋史朗の第三の教育論シリーズ」の第一巻です。改正された新教育基本法第十条（家庭教育）に、「父母その他の保護者は子の教育について第一義的責任を有する」と明記し、政府の教育再生会議の第一次報告には次のように書かれています。「教育委員会、自治体及び関係機関は、これから親になる全ての人たちや乳幼児期の子供を持つ保護者に、親として必要な『親学』を学ぶ機会を提供する」

同会議の第二分科会は第二次報告に向けて、「子供と家族のための教育再生の具体策」について検討しており、「乳幼児期の子供の親やこれから親になろうとする人が育児について学ぶ『親学』や親を支援する諸制度の充実などの方策」を検討課題の一つに掲げています。このタイムリーな時期に本書を刊行することを計画推進していただいたMOKU出版の山口陽一氏と良本和恵さんに心から感謝します。

平成十九年三月二十二日

高橋史朗

親学推進協会の目的と事業

一、目的

本協会は、親学（親としての学び、親になるための学び）の普及を通して、家庭の教育力の向上に寄与することを目的とする。

二、事業

本協会は、次の事業を行う。

一、親学の周知啓発

二、親学に関する講演会・勉強会の開催および講師の派遣

三、親学に関する指導者（親学アドバイザー）の養成および資格の認定

四、親学に関する活動場の整備

五、親学に関する調査研究

六、その他、本会の目的を達成するために必要な事業

三、事務所の所在地

本協会は、事務所を東京都千代田区内幸町一―一―七　大和生命ビル九階に置く。

親学推進協会　役員等一覧（平成十九年四月現在）

発起人

江口　克彦　PHP総合研究所 代表取締役社長
櫻井よしこ　ジャーナリスト
中條　高徳　(社)日本国際青年文化協会会長
廣池　幹堂　(財)モラロジー研究所理事長
福田　一郎　東京女子大学名誉教授　親学会会長
松居　和　音楽家
丸山　敏秋　(社)倫理研究所理事長
三浦　貞子　全日本私立幼稚園連合会会長
山田　和子　日本保育協会女性部長

代表委員

新井　幸芳　(有)新井企業代表取締役　(青少年育成浦和高砂地区会会長)
有田　秀穂　東邦大学医学部教授
池川　明　池川クリニック院長
石井公一郎　石井事務所代表（元ブリジストンサイクル(株)社長）
石井　正純　(社)全国学習塾協会会長
泉屋　利郎　(学)金沢工業大学理事長
市田ひろみ　服飾評論家
井上　雅夫　同志社大学教授　(新教育者連盟理事長)
植田　宏和　全日本教職員連盟委員長
上村　和男　(社)国民文化研究会理事長
叡南　覚範　毘沙門堂門跡
大鹿　良夫　埼玉県日本保育協会会長
大森　弘　八洲学園大学客員教授
岡本比呂志　(社)埼玉県専修学校各種学校教育振興会会長
岡本　道雄　(財)日独文化研究所理事長
小川洋次郎　(社)日本青年会議所　教育の拠り所策定委員会委員長
小川　義男　狭山ヶ丘高等学校長
長田　安司　共励保育園理事長
長田百合子　塾教育学院代表
小田　晋　帝塚山学院大学大学院人間科学研究科教授
尾田　幸雄　お茶の水女子大学名誉教授
小田村四郎　元拓殖大学総長
小原　芳明　(学)玉川大学学園理事長　玉川大学学長
鍵山秀三郎　(株)イエローハット相談役
籠島　延隆　サイデン化学(株)代表取締役会長
加藤　十八　中京女子大学名誉教授
金井　肇　日本教育文化研究所所長
上寺　久雄　兵庫教育大学・岐阜聖徳学園大学名誉教授
唐澤　人　(社)日本医師会会長
川並　弘昭　日本私立短期大学協会会長
河村　蓉洞　教育者教育研究所所長
木下　敏子　NPO法人日本子育てアドバイザー協会理事長

久保田宏明　穎明館中学・高等学校校長
蔵西東黄　白百合女子大学教授
黒沢博道　(財)富士社会教育センター副理事長
齋藤宥雄　埼玉道徳教育研究所長
佐藤健二　駒場東邦中学高等学校教頭
新堀通也　広島大学・武庫川女子大学名誉教授
菅原久子　江戸川双葉幼稚園園長
千　玄室　裏千家茶道前家元　日本・国連親善大使
高橋えみ子　親学会副会長(小児科医)
田口佳史　(株)イメージプラン代表取締役社長(杉並師範館副理事長／塾長補佐)
竹内克好　NPO法人埼玉教育支援センター代表理事
田下昌明　医療法人歓生会豊岡中央病院理事長
田中橿子　(株)登龍館国語力才能開発研究会代表
土屋秀宇　日本漢字教育振興協會理事長
角田忠信　東京医科歯科大学名誉教授
中尾健三　(社)全国教育問題協議会理事長
中込三郎　全国専修学校各種学校総連合会会長
西村佐二　聖徳大学教授
西村倭子　社会福祉法人牧福祉会牧保育園園長
野口芳宏　日本教育技術学会名誉会長
津野田幸子　白鴎大学教授(前ハワイ大学副学長)
長谷川三千子　埼玉大学教授
長谷河初男　秩父市教育委員会教育研究所長
服部幸應　(学)服部学園理事長　(服部栄養専門学校校長)
林　道義　日本ユング研究会会長
平原隆秀　(社)全埼玉私立幼稚園連合会会長
平山　諭　倉敷市立短期大学教授
別所文雄　(社)日本小児科学会会長　(杏林大学医学部小児科教授)
堀内　勁　聖マリアンナ医科大学小児科学教室教授
松浦勝次郎　(財)モラロジー研究所常務理事
水島　総　(株)日本文化チャンネル桜代表
村田　昇　滋賀大学名誉教授
森　昭雄　日本大学教授
山中典士　(社)全日本きものコンサルタント協会会長
山中祥弘　ハリウッド美容専門学校理事長
山本　豊　(社)全国教育問題協議会常務理事
横田綾子　サンバレーインターナショナルスクール幼稚園部園長

役員

木村治美　会長　共立女子大学名誉教授
高橋史朗　理事長　明星大学教授
浦山哲郎　理事　(学)浦山学園理事長
大江　弘　理事　PHP総合研究所第一研究本部教育研究部部長
大森　弘　理事　八洲学園大学客員教授
田島秀恭　理事　田島教育グループ代表
永沼宏之　理事　埼玉県行田市議会議員
坂東弘康　理事　(株)HB総合研究所代表取締役
福田一郎　理事　東京女子大学名誉教授　親学会会長
益田晴代　理事　親学会副会長　日本ペンクラブ会員
南　修治　理事　シンガーソングライター　心理カウンセラー
望月文明　理事　(財)モラロジー研究所　道徳科学研究センター研究員

◆著者略歴

高橋史朗　たかはし・しろう

明星大学教授・埼玉県教育委員会委員長職務代理者。

1950年（昭和25）兵庫県生まれ。早稲田大学大学院修了後スタンフォード大学フーバー研究所客員研究員、臨時教育審議会（政府委嘱）専門委員、神奈川県学校不適応対策研究協議会専門部会長、青少年健全育成調査研究委員会（自治省委嘱）座長などを経て、現職。感性・脳科学教育研究会会長、NPO法人師範塾・埼玉師範塾理事長、親学会副会長、親学推進協会理事長、日本仏教教育学会理事、日本健康行動科学学会理事、東京都男女平等参画審議会委員、2007年2月より、少子化問題に取り組む政府の「子どもと家族を応援する日本」重点戦略検討会議（議長・塩崎官房長官）の「家族・地域の再生分科会」委員を務める。編著書に、『癒しの教育相談（全4巻）』『感性・心の教育（全5巻）』『親と教師が日本を変える』『親学のすすめ』『続・親学のすすめ』ほか多数。

高橋史朗の第三の教育論シリーズ1

親が育てば子供は育つ――脳科学が後押しする親学のすすめ

2007年4月7日　初版発行
2007年11月11日　2刷発行

著　者　高橋史朗
森昭雄、桑原清四郎、有田秀穂、三池輝久

発行人　山本則雄
発　行　MOKU出版株式会社
〒113-0033　東京都文京区本郷3-19-7 本郷三宝ビル6階
電話　03-5840-7366（代表）03-5840-7466（編集）

印刷・製本　株式会社ディグ

ISBN978-4-900682-69-6